Kauderwelsch
Band 28

Foto: Christine Schönfeld

„Ende des Wildgeheges"

Impressum

Karl-Axel Daude
Schwedisch – Wort für Wort
erschienen im
Reise Know-How Verlag Peter Rump GmbH
Osnabrücker Str. 79, D-33649 Bielefeld
info@reise-know-how.de

15. neu bearbeitete und verbesserte Auflage 2014

Bearbeitung Peter Rump
Layout Claudia Schmidt
Layout-Konzept Günter Pawlak, FaktorZwo! Bielefeld
Umschlag Peter Rump (Titelfoto: Wolfram Schwieder)
Kartographie Iain Macneish
Fotos Karl-Axel Daude, Christine Schönfeld, Image Bank Sweden
Druck und Bindung Werbedruck GmbH Horst Schreckhase, Spangenberg

ISBN: 978-3-8317-6408-2
Printed in Germany

Dieses Buch ist erhältlich in jeder Buchhandlung Deutschlands, Österreichs, der Schweiz und der Beneluxländer. Bitte informieren Sie Ihren Buchhändler über folgende Bezugsadressen:
BRD Prolit GmbH, Postfach 9, 35461 Fernwald (Annerod) sowie alle Barsortimente
Schweiz AVA-buch 2000, Postfach 27, CH-8910 Affoltern
Österreich Mohr Morawa Buchvertrieb GmbH, Sulzengasse 2, A-1230 Wien
Belgien & Niederlande Willems Adventure, www.willemsadventure.nl
direkt Wer im Buchhandel kein Glück hat, bekommt unsere Bücher zuzüglich Porto- und Verpackungskosten auch direkt über unseren Internet-Shop: ***www.reise-know-how.de***

Zu diesem Buch ist ein ***AusspracheTrainer*** erhältlich, als **MP3-Download** unter ***www.reise-know-how.de*** oder auf **Audio-CD** in jeder Buchhandlung Deutschlands, Österreichs, der Schweiz und der Benelux-Staaten.

Der Verlag möchte die **Reihe Kauderwelsch** weiter ausbauen und **sucht Autoren!** Mehr Informationen finden Sie unter ***www.reise-know-how.de/rkh_mitarbeit.php***

Kauderwelsch

Karl-Axel Daude

Schwedisch

Wort für Wort

Reise Know-How
im Internet
www.reise-know-how.de
info@reise-know-how.de

Kauderwelsch-Sprechführer sind anders!

Warum? Weil sie Sie in die Lage versetzen, wirklich zu sprechen und die Leute zu verstehen.

Wie wird das gemacht? Abgesehen von dem, was jedes Sprachbuch bietet, nämlich Vokabeln, Beispielsätze etc., zeichnen sich die Bände der Kauderwelsch-Reihe durch folgende Besonderheiten aus:

Die **Grammatik** wird in einfacher Sprache so weit erklärt, dass es möglich wird, ohne viel Paukerei mit dem Sprechen zu beginnen, wenn auch nicht gerade druckreif.

Alle Beispielsätze werden doppelt ins Deutsche übertragen: zum einen **Wort-für-Wort,** zum anderen in „ordentliches" Hochdeutsch. So wird das fremde Sprachsystem sehr gut durchschaubar. Denn in einer fremden Sprache unterscheiden sich z. B. Satzbau und Ausdrucksweise recht stark vom Deutschen. Ohne diese Übersetzungsart ist es so gut wie unmöglich, schnell einzelne Wörter in einem Satz auszutauschen.

Die **Autorinnen** und **Autoren** der Reihe sind Globetrotter, die die Sprache im Land selbst gelernt haben. Sie wissen daher genau, wie und was die Leute auf der Straße sprechen. Deren Ausdrucksweise ist nämlich häufig viel einfacher und direkter als z. B. die Sprache der Literatur oder des Fernsehens.

Besonders wichtig sind im Reiseland **Körpersprache, Gesten, Zeichen** und **Verhaltensregeln,** ohne die auch Sprachkundige kaum mit Menschen in guten Kontakt kommen. In allen Bänden der Kauderwelsch-Reihe wird darum besonders auf diese Art der nonverbalen Kommunikation eingegangen.

Kauderwelsch-Sprechführer sind keine Lehrbücher, aber viel mehr als Sprachführer! Wenn Sie ein wenig Zeit investieren und einige Vokabeln lernen, werden Sie mit ihrer Hilfe in kürzester Zeit schon Informationen bekommen und Erfahrungen machen, die „sprachlosen" Reisenden verborgen bleiben.

Inhalt

Foto: Karl-Axel Daude

Schwedischer Pavillon der Weltausstellung 1992 in Sevilla, heute Måltidens hus in Grythyttan

Vorwort

Schweden ist zwar fast anderthalb mal so groß wie Deutschland, hat aber nur ca. 9,5 Millionen Einwohner. Wie meist in Ländern mit „kleinen Sprachen" kann man sich zwar recht gut mit Englisch verständigen, aber Schweden freuen sich besonders, wenn man einige Brocken in der Landessprache anbringt. Dadurch wird es viel leichter, mit den als verschlossen geltenden Leuten des Nordens in Kontakt zu kommen.

Schwedisch ist außerdem die zweite Landessprache Finnlands und mit Dänisch und Norwegisch so eng verwandt, dass man sich in ganz Skandinavien verständlich machen kann.

Ich wünsche Ihnen viel Spaß und Erfolg beim Ausprobieren und Kennenlernen der schwedischen Sprache.

Karl-Axel-Daude

Hinweise zur Benutzung

Der Band Schwedisch ist in „Grammatik", „Konversation" und Wörterliste" gegliedert:

Grammatik

Die Grammatik beschränkt sich auf das Wesentliche und ist so einfach gehalten wie möglich. Deshalb sind auch nicht sämtliche Ausnahmen und Unregelmäßigkeiten der Sprache erklärt. Natürlich kann man die Grammatik auch überspringen und sofort mit dem Konversationsteil beginnen. Wenn dann Fragen auftauchen, kann man immer noch in der Grammatik nachsehen.

Wer gerne noch tiefer in die Grammatik einsteigen möchte, findet im Anhang einige Literaturtipps.

Konversation

In der Konversation finden Sie Sätze aus dem Alltagsgespräch, die Ihnen einen ersten Eindruck davon vermitteln sollen, wie die schwedische Sprache „funktioniert" und die Sie auf das vorbereiten sollen, was Sie später in Schweden hören werden.

Wort-für-Wort-Übersetzung

Jede Sprache hat ein typisches Satzbaumuster. Um die sich vom Deutschen unterscheidende Wortfolge schwedischer Sätze zu verstehen, ist die Wort-für-Wort-Übersetzung in kursiver Schrift gedacht. Wird ein schwedisches Wort im Deutschen durch zwei Wörter übersetzt, werden diese zwei Wörter in der Wort-für-Wort-Übersetzung mit einem Bindestrich verbunden, z. B.:

Jedem schwedischen Wort entspricht ein Wort in der Wort-für-Wort-Übersetzung.

jag hämtas
ich geholt-werde
ich werde geholt

Wo die Wort-für-Wort-Übersetzung der deutschen Übersetzung entspricht, also die Reihenfolge der Wörter im deutschen und schwedischen Satz ohnehin dieselbe ist, entfällt die Wort-für-Wort-Zeile.

Mit Hilfe der Wort-für-Wort-Übersetzung können Sie bald eigene Sätze bilden. Sie können die Beispielsätze als einen Fundus von Satzschablonen und -mustern benutzen, den Sie selbst Ihren Bedürfnissen anpassen.

Wörterlisten

Die Wörterlisten am Ende des Buches helfen Ihnen dabei. Sie enthalten einen Grundwortschatz von je ca. 1000 Wörtern „Deutsch-Schwedisch" und „Schwedisch-Deutsch", mit denen man schon eine ganze Menge anfangen kann.

Umschlagklappe

Die Umschlagklappe hilft, die wichtigsten Sätze und Formulierungen stets parat zu haben. Hier finden sich außerdem die wichtigsten Angaben zur Aussprache, weiterhin eine kleine Liste der wichtigsten Fragewörter, Richtungs- und Zeitangaben. Aufgeklappt ist der Umschlag eine wesentliche Erleichterung, da nun die gewünschte Satzkonstruktion mit dem entsprechenden Vokabular aus den einzelnen Kapiteln kombiniert werden kann.

Wenn alles nicht mehr weiterhilft, dann ist vielleicht das Kapitel „Nichts verstanden? – Weiterlernen!" der richtige Tipp. Es befindet sich ebenfalls im Umschlag, stets bereit, um mit der richtigen Formulierung für z. B. „Ich habe leider nicht verstanden." oder „Wie bitte?" auszuhelfen.

Seitenzahlen

Um Ihnen den Umgang mit den Zahlen zu erleichtern, ist auf jeder Seite die Seitenzahl auch auf Schwedisch angegeben!

Karte von Skandinavien

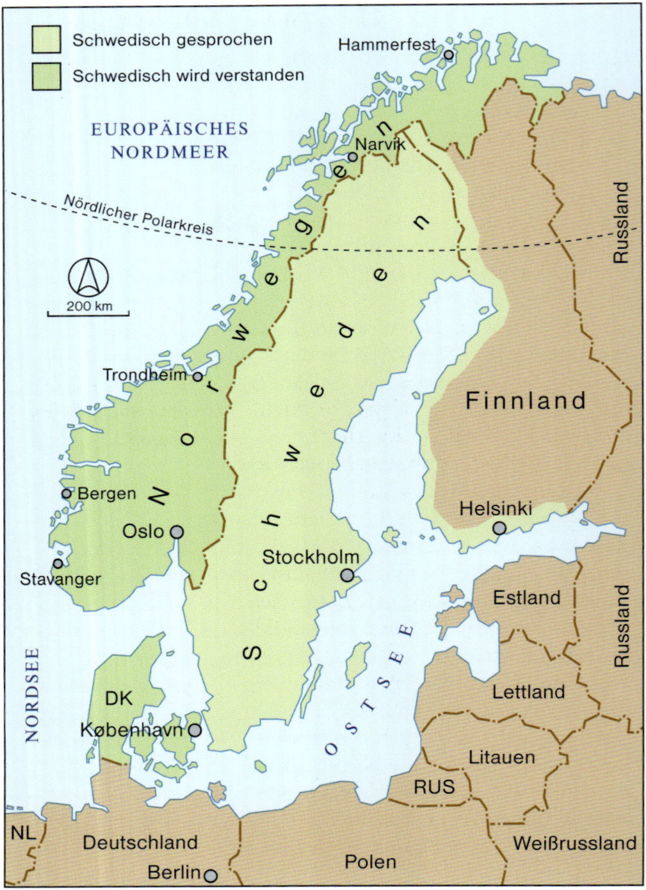

Aussprache & Betonung

Das schwedische Alphabet sieht am Ende drei zusätzliche Buchstaben vor:

A B C D E F G H I J K L M N O
P Q R S T U V W X Y Z Å Ä Ö

Selbstlaute (Vokale)	
a	lang: sehr offen, zwischen „a" und „o", fast wie „or" in „T**or**te"! **jag** ***jaa*** (ich) kurz: wie „a" in „Affe": **natt** ***natt*** (Nacht)
e	lang: wie in „**E**mil": **steka** ***ßteeka*** (braten) kurz: wie in „**E**ngel" **eller** ***eller*** (oder)
i	lang: wie „ie" in „s**ie**ben": **bil** ***biil*** (Auto) kurz: wie in „**i**ch": **till** ***till*** (bis, zu, nach)
o	lang und kurz: wie „u" in „**U**fer": **bro** ***bruu*** (Brücke). Manchmal auch wie **å,** also „o" gesprochen: **son** ***ßoon*** (Sohn)
u	lang: wie „ü" in „**ü**ber": **ut** ***üüt*** (heraus) kurz: zwischen „u" und „ö": **ung** ***ung*** (jung)
y	gilt im Schwedischen auch als Selbstlaut. Er ist besonders schwer auszusprechen und liegt zwischen „ü" und „i". Notfalls eher „ü" aussprechen: **mycket** ***mükke*** (viel)
å	ist **der** skandinavische Buchstabe, gibt es nicht im Deutschen lang: wie „o" in „**O**fen": **år** ***oor*** (Jahr) kurz: wie „o" in „**o**ffen": **lång** ***long*** (lang)
ä	lang und kurz etwa wie „ä" in „**Ä**rger" oder „e" in „H**e**rr": **ägg** ***ägg*** (Ei)
ö	lang und kurz: etwa wie in „**ö**stlich": **öppet** ***öppet*** (geöffnet)

Es gibt immer eine kurze und eine lange Variante der Selbstlaute. Beim Buchstabieren benutzt man immer die lange Variante.

å *nicht wie „a" aussprechen. Dies führt zu Missverständnissen, z. B.* tåg *„Zug",* tag *„Mal". Das* å *hat nichts mit* a *zu tun und entspricht eher dem deutschen „o"!*

Aussprache & Betonung

Um die schwedische Aussprache richtig zu lernen, reicht diese Liste mit Buchstaben und Ausspracheregeln allein nicht aus. Viel hängt natürlich von der Übung ab. Am besten ist es, „vor Ort“ große Ohren zu machen und durch Zuhören und Sprechen im Land die eigene Aussprache zu verbessern. Mit der Zeit bekommt man ein Gefühl dafür.

Meist ist ein Selbstlaut kurz, wenn zwei oder mehr Mitlaute folgen. Außerdem steht immer ein kurzer Selbstlaut, wenn die Silbe unbetont ist.

lang:	**glas** (Glas)	**tak** (Dach)
kurz:	**glass** (Eis)	**tack** (danke)

Mitlaute (Konsonanten)

b	wie in „**B**eil“: **bil** *biil* (Auto)
c	vor **a, o, u,** oder **å** wie „k“: **Carl** *kaarl* wie „ß“ in „flie**ß**en“, wenn es allein vor **e, i, y, ä** oder **ö** steht: **civil** *ßiwiil*
d	wie in „**d**enken“ **du** *düü* (du)
f	wie in „**F**rage“ **farlig** *faarlig* (gefährlich)
h	wie in „**H**und“ **häst** *häßt* (Pferd)
j	wie in „**J**agd“ **jag** *jaa* (ich)
l	wie in „**l**aufen“ **leka** *leeka* (spielen)
m	wie in „**M**und“ **mus** *müüß* (Maus)
n	wie in „**N**orden“ **nu** *nüü* (jetzt)
p	wie in „**P**latz“: **pengar** *pengar* (Geld)
q	wie „qu“ in „**Qu**atsch” (meist in der Verbindung **qv**)
r	wird im größten Teil von Schweden und in Finnland mit der Zungenspitze gerollt. Nur in Südschweden gibt es ein **r** „im Hals“: **rolig** *ruulig* (lustig)
s	immer stimmlos, also wie „ß“ in „flie**ß**en“: **Sverige** *ßwärje* (Schweden)
t	wie in „**T**on“: **tidning** *tiidning* (Zeitung)

v	immer stimmhaft, wie deutsches „w“: **vatten** ***watten*** (Wasser)
w	„w” (nur in Namen & Fremdwörtern)
x	„x” wie im Deutschen (kommt selten vor)
z	wie „ß“ in „fließen“: **zebra** ***ßeebra***

Die Ausspracheregeln gelten übrigens nur für schwedische Wörter, nicht für Fremdwörter! Deren Aussprache kann man aber meistens erraten.

Bei g und k wird es etwas schwieriger:

g	vor **a, o, u, å** und Mitlauten wie „g“, vor **e, i, y, ä, ö** wie „j”: **gås** ***goos*** (Gans), **göra** ***jööra*** (machen)
k	vor **a, o, u, å** und Mitlauten wie „k“, vor **e, i, y, ä, ö** wie scharfes „sch“, fast wie „tsch“ in „Ma**tsch**”: **kål** ***kool*** (Kohl), **kyrka** ***(t)schürka*** (Kirche)

Buchstabenkombinationen

Außerdem gibt es noch einige Buchstabenkombinationen, die einem speziellen Laut entsprechen:

skj, sj, stj	alle wie ein sehr weiches „sch“ Dabei muss man viel Luft dazugeben. Es ist ein sehr weiches „sch“: **sjö** ***hhöö*** (See). Das ist auch der Laut für **-ti** in Fremdwörtern: **station** ***stahhuun*** (Bahnhof)
sk	vor **a, o, u, å** und Mitlauten wie „ßk”, vor **e, i, y, ä, ö** wie weiches „sch“: **sko** ***ßkuu*** (Schuh); **sked** ***hheed*** (Löffel)

Das weiche „sch” ist einer der schwierigeren Laute im Schwedischen. Um der Verwechslungsgefahr mit dem scharfen „sch” zu begegnen, ist der Laut in der Lautschrift mit „hh”wiedergegeben. Tatsächlich klingt er oft wie ein stark behauchtes „h”!

tj, kj,	werden genauso wie **k** vor **e, i, y, ä, ö** ausgesprochen, also wie „(t)sch“: **kjol** ***(t)schuul*** (Rock); **tjock** ***(t)schokk*** (dick)
ch	immer „k”, wie in „**Ch**ristian”, nie wie in „a**ch**” oder „i**ch**”! Kommt fast nur in Fremdwörtern vor.

Die Schweden, die ein Zungenspitzen-R sprechen, also das r rollen, ziehen meistens r und s zusammen und sprechen beide zusammen als „sch“ aus, z. B.: borste ***boschte*** (Bürste).

Diese Regel gilt übrigens nicht fürs Finnland-Schwedisch!

Das Zusammenziehen von r und s geschieht auch oft über Wortgrenzen hinweg:

Jag talar svenska.
(sprich:) ***jaa taalar ßwenska***
(oder:) ***jaa taalaschwenska***
Ich spreche Schwedisch.

dj, gj, **hj, lj**	werden alle nur „j“ ausgesprochen, der erste Buchstabe bleibt stumm! **djur** ***jüür*** (Tier)
rg, **lg**	das **g** wird wie „j“ ausgesprochen: **berg** ***berj*** (ein Berg); **älg** ***älj*** (ein Elch), **älgar** ***äljar*** (Elche)

Betonung

Die Hauptschwierigkeit liegt in der Betonung, durch die die singende Satzmelodie im Schwedischen entsteht. Hierfür gibt es leider keine einfachen Regeln, aber hier sind ein paar Hinweise, die das Lernen etwas erleichtern. Es gibt zwei Arten der Betonung: Entweder hat das Wort nur eine Betonung oder es hat eine stärkere, die oft auf der ersten Silbe liegt, und eine zweite, geringere Betonung.

Natürlich haben alle einsilbigen Wörter nur eine Betonung. Fast alle mehrsilbigen Wörter, deren erste Silbe betont ist, haben auch eine Nebenbetonung. Ist die erste Silbe unbetont, haben sie dagegen nur eine Betonung.

Lautschrift

Lange Vokale sind doppelt geschrieben, betonte Silben unterstrichen. Manche Laute haben keine exakte Entsprechung im Deutschen. Wir haben also versucht, eine Umschrift zu wählen, die der gesprochenen Sprache möglichst nahe kommt. Schweden ist kein kleines Land. Es gibt daher regionale Unterschiede in der Aussprache, die zum Teil erheblich sind. Nicht immer stimmt darum auch die Audio-CD mit der Lautschrift 100%ig überein. Dies ist dem Bestreben geschuldet, die Lautschrift möglichst für ganz Schweden nützlich zu gestalten und eine überdeutliche, gekünstelte Aussprache zu vermeiden. Eine Lautschrift ist also immer ein Kompromiss, mit dem man sich zumindest verständigen kann, auch wenn die Aussprache vor Ort davon mitunter abweicht.

Wörter, die weiterhelfen

Mit förlåt kann man sehr gut ein Gespräch beginnen, abschließen sollte man es mit einem tack, aber darüber später mehr.

Förlåt ... !
förloot
Entschuldige/n Sie ...

Är det ... ?
ee dee
Ist das ...?

Får man ... ?
foor man
Darf man ...?

Finns det ... ?
finnß dee
Gibt es ...?

Var finns det ... här?
waar finns dee ... häär
Wo gibt es hier ... ?

Jag behöver...
jaa behööwer
Ich brauche ...

Vad kostar...?
waa kostar
Was kostet ... ?

Hur kommer jag ... ?
hüür kommer jaa
Wie komme ich ... ?

An den Toiletten steht dam / herr, oder Symbole, aber oft sind die Toiletten auch für beide.

en toalett *tualätt*	eine Toilette
en mack *makk*	eine Tankstelle
ett apotek *apputeek*	eine Apotheke
hjälp *jälp*	Hilfe
en läkare *läkarre*	ein Arzt
det här *dee häär*	das hier
ett bröd *brööd*	ein Brot
en kopp kaffe *kopp kaffe*	eine Tasse Kaffee
ett glas vatten *glaas watten*	ein Glas Wasser

en varm korv *warm korw*	ein heißes Würstchen
något att äta *nott att äätа*	etwas zu essen
något att dricka *nott att drikka*	etwas zu trinken
ett vandrarhem *wandrarhem*	eine Jugendherberge
ett hotell *hotell*	ein Hotel
en campingplats *kampingplatß*	ein Campingplatz
till Stockholm *till Stockholm*	nach Stockholm
till badplatsen *till baadplatßen*	zur Badestelle
till varuhuset *till waaruhüüßet*	zum Warenhaus
till färjan *till färjan*	zur Fähre

Mögliche Antworten können sein:

Ja, det finns det.
jaa dee finns dee
Ja, das gibt es.

Ja, det har jag.
jaa dee haar jaa
Ja, habe ich.

Nej, det har vi inte.
nej dee haar wi inte
Nein, haben wir nicht.

Det är här i närheten.
dee ee häär ii näärheeten
Das ist hier in der Nähe.

Det är för långt att gå.
dee ee föör longt att goo
Das ist zu weit zum Laufen.

Gå till höger där framme och sedan till vänster.
goo till hööger däär framme oo senn till wänster
Gehen Sie da vorne rechts und dann links.

Det kostar ... kronor.
dee kostar ... kruunur
Das kostet ... Kronen.

Die Zahlen finden sich in der Umschlagklappe.

Wortstellung

Zunächst muss man immer daran denken, dass möglichst kurze Sätze gebildet werden sollten. Denn nicht nur Sie hätten Probleme, einen langen Satz zusammenzusetzen – bei Ihrem Gegenüber soll ja auch die richtige Information ankommen.

Die Satzstellung ist im Schwedischen, jedenfalls in den einfacheren Hauptsätzen, genau wie im Deutschen. Man muss darauf achten, dass das Prädikat (Satzaussage) immer an zweiter Stelle im Satz steht.

	Prädikat	
Jag	**köper**	**ett bröd i affären.**
jaa	*schööper*	*ett brööd i affären*
Ich	kaufe	ein Brot in dem Laden.
I affären	**köper**	**jag ett bröd.**
i affären	*schööper*	*jaa ett brööd*
Im Laden	kaufe	ich ein Brot.
Jag	**åker**	**till Sverige.**
jaa	*ooker*	*till ßwärje*
Ich	fahre	nach Schweden.
I morgon	**åker**	**jag till Sverige.**
i morron	*ooker*	*jaa till ßwärje*
Morgen	fahre	ich nach Schweden.

Hauptwörter

Im Gegensatz zum Deutschen kennt das Schwedische nur zwei grammatische Geschlechter. Es werden das En-Geschlecht (Utrum) und das Ett-Geschlecht (Neutrum) unterschieden.

En-Geschlecht:	**Ett**-Geschlecht:
en bil	**ett hus**
en biil	***ett hüüß***
ein Auto	ein Haus

Da das Geschlecht der schwedischen Wörter nicht mit dem der deutschen übereinstimmt, ist es am besten, sich en oder ett gleich zusammen mit dem Wort einzuprägen.

Artikel

Für den bestimmten Artikel wird -en bzw. -et an das Wort angehängt:

bilen	**huset**
biilen	***hüüßet***
Auto-das	*Haus-das*
das Auto	das Haus

Hauptwörter (Substantive), die auf einem Selbstlaut enden, bekommen nur die Endung -n oder -t je nach Geschlecht.

en blomma	**blomman**
en blumma	***blumman***
eine Blume	*Blume-die*
eine Blume	die Blume
ett foto	**fotot**
ett fuutu	***fuutut***
ein Foto	*Foto-das*
ein Foto	das Foto

Mehrzahl

Die Mehrzahl (Plural) ist nicht so einfach. Mit den folgenden Regeln kann man bei den meisten Wörtern die richtige Form bilden.

En-Wörter, die auf -a enden, bekommen als Mehrzahlendung -or:

en vecka ***en wekka***	eine Woche
veckor ***wekkur***	Wochen

En-Wörter, die auf -ing enden, und viele einsilbige En-Wörter bekommen als Mehrzahlendung -ar:

en tidning ***en tiidning***	eine Zeitung
tidningar ***tiidningar***	Zeitungen
en bil ***en biil***	ein Auto
bilar ***biilar***	Autos

Zweisilbige En-Wörter auf -e, -el, -er bekommen ebenfalls in der Mehrzahl -ar:

en pojke	*en pojke*	ein Junge
pojkar	*pojkar*	Jungen (e entfällt!)

En-Wörter mit Schlussakzent, also Wörter, bei denen die Betonung auf der letzten Silbe liegt, bekommen als Mehrzahlendung -er. Ett-Wörter mit betontem Schluss-Selbstlaut bekommen auch -er als Mehrzahlendung.

en fabrik	*en fabriik*	eine Fabrik
fabriker	*fabriiker*	Fabriken
ett bageri	*ett baagerii*	eine Bäckerei
bagerier	*baageriier*	Bäckereien

Ett-Wörter, die auf einem Selbstlaut enden, bekommen als Mehrzahlendung -n. Das darf man nicht mit der Einzahlform der En-Wörter verwechseln!

ett arbete	*ett arbeete*	eine Arbeit
arbeten	*arbeeten*	Arbeiten

Ett-Wörter, die auf einem Mitlaut enden, bekommen keine Endung in der Mehrzahl:

ett hus	*ett hüüß*	ein Haus
hus	*hüüß*	Häuser

En-Wörter, die auf -are enden, bekommen auch keine Endung in der Mehrzahl:

en arbetare	*en arbeetare*	ein Arbeiter
arbetare	*arbeetare*	Arbeiter

Für die bestimmte Form Mehrzahl hängt man fast immer -na an. Bei Ett-Wörtern, die auf Mitlaut enden, ist die Endung -en. Hier ist die Liste unserer Beispiele in der unbestimmten und bestimmten Form Mehrzahl:

Wie man sieht, sind alle Hauptwörter, die -or, -ar oder -er als Mehrzahlendung haben, En-Wörter.

veckor *wekkor*	Wochen
vekorna *wekkorna*	die Wochen
tidningar *tiidningar*	Zeitungen
tidningarna *tiidningarna*	die Zeitungen
bilar *biilar*	Autos
bilarna *biilarna*	die Autos
fabriker *fabriiker*	Fabriken
fabrikerna *fabriikerna*	die Fabriken
bagerier *baageriier*	Bäckereien
bagerierna *baageriierna*	die Bäckereien
arbeten *arbeeten*	Arbeiten
arbetena *arbeetena*	die Arbeiten
hus *hüüß*	Häuser
husen *hüüßen*	die Häuser
arbetare *arbeetare*	Arbeiter
arbetarna *arbeetarna*	die Arbeiter

Bei arbetarna entfällt das e.

Groß- & Kleinschreibung

Nur Satzanfang und Eigennamen werden groß, alles andere klein geschrieben. Auch Monatsnamen und Tage werden klein geschrieben: z. B. juni, söndag.

Eigenschaftswörter

Die Eigenschaftswörter (Adjektive) richten sich in Zahl und Geschlecht nach dem dazugehörigen Hauptwort. Das ist im Deutschen genauso. Die Grundform ist gleich der Form für das En-Geschlecht. Wenn man ein Ett-Wort benutzen will, muss man meist nur ein -t an das Eigenschaftswort anhängen:

en fin bil	***en fiin biil***	ein schönes Auto
ett fint hus	***ett fiint hüüß***	ein schönes Haus

Wenn man die Mehrzahl bildet, haben beide die gleiche Endung: -a.

fina bilar	***fiina biilar***	schöne Autos
fina hus	***fiina hüüß***	schöne Häuser

Auch in Sätzen wie in den folgenden Beispielen muss man auf die Form des Hauptwortes achten, auf das sich das Eigenschaftswort bezieht:

Bilen är fin.
biilen ee fiin
Auto-das ist schön
Das Auto ist schön.

Huset är fint.
hüüßet ee fiint
Haus-das ist schön
Das Haus ist schön.

Bilarna är fina.
biilarna ee fiina
Autos-die sind schön
Die Autos sind schön.

Husen är fina.
hüüßen ee fiina
Häuser-die sind schön
Die Häuser sind schön.

Wenn die bestimmte Form gewählt wird, also z. B. „*das* schöne Auto, *die* schönen Häuser" usw., muss man nur ein -a anhängen. Das gilt für beide Geschlechter in der Ein- und Mehrzahl.

Aber es gibt eine andere Schwierigkeit. Man muss nämlich nicht nur den Artikel an das Hauptwort anhängen, sondern auch noch einmal vor das Eigenschaftswort setzen, also einen doppelten Artikel benutzen.

den fina bilen	**det fina huset**
den fiina biilen	***dee fiina hüüßet***
das schöne Auto-das	*das schöne Haus-das*
das schöne Auto	das schöne Haus

In der Mehrzahl bekommen beide Geschlechter de als Artikel:

de fina bilarna	**de fina husen**
de fiina biilarna	***de fiina hüüßen***
die schönen Autos-die	*die schönen Häuser-die*
die schönen Autos	die schönen Häuser

Das wichtige Wort liten *(klein) ist unregelmäßig. Die Mehrzahl ist* små!

en liten bil	***en liiten biil***	ein kleines Auto
ett litet hus	***ett liitet hüüß***	ein kleines Haus
den lilla bilen	***den lilla biilen***	das kleine Auto
det lilla huset	***dee lilla hüüßet***	das kleine Haus

små bilar	***ßmoo biilar***	kleine Autos
små hus	***ßmoo hüüß***	kleine Häuser
de små bilarna	***de ßmoo biilarna***	die kl. Autos
de små husen	***de ßmoo hüüßen***	die kl. Häuser

Einige Eigenschaftswörter kann man nicht beugen:

bra	**extra**	**gratis**
braa	*extra*	*graatiß*
gut	extra	umsonst

wichtige Eigenschaftswörter

dyr *düür*	teuer
billig *billig*	billig
ren *reen*	sauber
smutsig *smutsig*	schmutzig
varm *warm*	warm/heiß
kall *kall*	kalt
frisk *frisk*	gesund
sjuk *hhüük*	krank
ljus *jüüs*	hell
mörk *mörk*	dunkel
lång *long*	lang/weit
kort *kortt*	kurz
ny *nüü*	neu
gammal *gammal*	alt
bra *braa*	gut
dålig *doolig*	schlecht
mjuk *mjüük*	weich
hård *hoord*	hart
vacker *wakker*	schön
ful *füül*	hässlich
pigg *pigg*	munter
trött *trött*	müde
hungrig *hungrig*	hungrig
mätt *mätt*	satt

Steigern

Die meisten Eigenschaftswörter werden gesteigert, indem man für die erste Steigerungsstufe (Komparativ) -are und für die zweite Steigerungsstufe (Superlativ) -ast an das Eigenschaftswort anhängt.

lätt *lätt*	leicht
lättare *lättare*	leichter
lättast *lättaßt*	am leichtesten

Die folgenden Eigenschaftswörter steigert man unregelmäßig:

dålig	**sämre**	**sämst**	schlecht
doolig	*ßämre*	*ßämßt*	
dålig	**värre**	**värst**	schlecht
doolig	*wärre*	*wäscht*	
god	**bättre**	**bäst**	gut
guud	*bättre*	*bäßt*	
god	**godare**	**godast**	lecker
guud	*guudare*	*guudaßt*	
gammal	**äldre**	**äldst**	alt
gammal	*äldre*	*äldßt*	
liten	**mindre**	**minst**	klein
liiten	*mindre*	*minßt*	
många	**fler**	**flest**	viele
monga	*fleer*	*fleßt*	

Einige Eigenschaftswörter bekommen einen Umlaut bei der Steigerung: z. B.

stor	**större**	**störst**	groß
ßtuur	***ßtörre***	***ßtöscht***	
ung	**yngre**	**yngst**	jung
ung	***üngre***	***üngßt***	
lång	**längre**	**längst**	lang
long	***längre***	***längßt***	

Ei nige Eigenschaftswörter werden auch mit mera und mest (mehr, am meisten) gesteigert.

typisk	**mera typisk**	**mest typisk**
tüpisk	***meera tüpisk***	***meßt tüpisk***
typisch	*mehr typisch*	*am meisten typisch*
typisch	typischer	am typischsten

Das ist auch immer eine Möglichkeit, die anderen Steigerungsformen zu umgehen! Wenn die 2. Steigerungsform benutzt wird, muss man manchmal noch ein -a oder -e anhängen:

den finaste bilen	**Bilen är finast.**
den fiinaßte biilen	***biilen ee fiinaßt***
das schönste Auto	Das Auto ist am schönsten.
den största bilen	**Bilen är störst.**
den ßtöschta biilen	***biilen ee ßtöscht***
das größte Auto	Das Auto ist am größten.

Umstandswörter

Bildet man Umstandswörter (Adverben) aus Eigenschaftswörtern, so hängt man einfach nur ein -t an (das ist auch die Form des Eigenschaftswortes für das Ett-Geschlecht).

Han har en ovanligt viktig fråga.
han haar en uwanlit wiktig frooga
Er hat eine ungewöhnlich wichtige Frage.
(Umstandswort!)

aber:
Han har en ovanlig, viktig fråga.
han haar en uwanlig wiktig frooga
Er hat eine ungewöhnliche, wichtige Frage.
(Eigenschaftswort!)

Foto: Christine Schönfeld

Malmö

Persönliche Fürwörter

Die persönlichen Fürwörter (Personalpronomen) werden wie im Deutschen gebraucht. Nur die Höflichkeitsform „Sie“ wird im Schwedischen mit ni (ihr) gebildet (s. auch Kapitel „Anrede“).

Wer?

jag *jaa*	ich
du *düü*	du
han – hon *han – hun*	er – sie
den / det *den / dee*	es
vi *wii*	wir
ni *nii*	ihr
de *dom*	sie (Mz)

Wem? oder Wen?

Im Schwedischen gibt es nur eine Form für die Fragen „wem?“ und „wen?“

mig *mej*	mir/mich
dig *dej*	dir/dich
honom *honom*	ihm/ihn
henne *henne*	ihr/sie
den / det *den / dee*	ihm/es
oss *oßß*	uns/uns
er *eer*	euch/euch
dem *dom*	ihnen/sie

mein & dein

Die besitzanzeigenden Fürwörter (Possessivpronomen) richten sich teils nach dem Geschlecht des Hauptwortes, teils sind sie unveränderlich.

	mein	dein	sein	ihr (Ez)
En-*Geschlecht*	**min**	**din**	**hans**	**hennes**
	min	***din***	***hanß***	***henneß***
Ett-*Geschlecht*	**mitt**	**ditt**	**hans**	**hennes**
	mitt	***ditt***	***hanß***	***henneß***
Mehrzahl (En + Ett)	**mina**	**dina**	**hans**	**hennes**
	miina	***diina***	***hanß***	***henneß***

	unser	euer/Ihr	ihr (Mz)
En-*Geschlecht*	**vår**	**er**	**deras**
	woor	***eer***	***deeraß***
Ett-*Geschlecht*	**vårt**	**ert**	**deras**
	woort	***eert***	***deeraß***
Mehrzahl (En + Ett)	**våra**	**era**	**deras**
	woora	***eera***	***deeraß***

Tätigkeitswörter

Man teilt die Tätigkeitswörter (Verben) in vier verschiedene Gruppen ein. Dazu kommen dann noch einige unregelmäßige Verben. Die Hauptschwierigkeit liegt wohl darin, die richtige Gruppe herauszufinden, denn man sieht den einzelnen Verben meist nicht an, zu welcher Gruppe sie gehören. Wenn man nach der ersten Gruppe beugt, liegt man aber meist richtig, denn zu dieser Gruppe gehören fast 70 % aller schwedischen Verben. Nun eine gute Nachricht! Man braucht sich für jede Zeit nur eine Form für alle Personen zu merken:

jag arbetar	***jaa arbeetar***	ich arbeite
du arbetar	***düü arbeetar***	du arbeitest
han arbetar	***han arbeetar***	er arbeitet
hon arbetar	***hun arbeetar***	sie arbeitet
vi arbetar	***wi arbeetar***	wir arbeiten
ni arbetar	***ni arbeetar***	ihr arbeitet
de arbetar	***dom arbeetar***	sie arbeiten

In der Wörterliste steht hinter der Grundform immer die Endung für die Gegenwartsform oder alle drei Stammformen.

Bei den Gruppen 1-3 hängt man an den Verbstamm die Endungen – wie in der folgende Tabelle beschrieben – an. Kennzeichen der Gruppe 4 ist der Wechsel des Selbstlautes.

Es folgt eine Tabelle mit Beispielen für die 4 Gruppen. Hierbei muss man darauf achten, dass man bei der Bildung der Zeiten nicht von der Grundform (Infinitiv) ausgeht, sondern von der Befehlsform.

Tätigkeitswörter

Die Endungen sind der Deutlichkeit halber jeweils durch einen Bindestrich vom Stamm getrennt.

	1	2a	2b	3	4
Befehlsform = Wortstamm	**arbeta!**	**stäng!**	**tänk!**	**tro!**	**skriv!**
	arbeeta	**ßtäng**	**tänk**	**truu**	**skriiw**
	arbeite!	*schließ!*	*denk!*	*glaub!*	*schreib!*
Grundform	**arbeta**	**stäng-a**	**tänk-a**	**tro**	**skriv-a**
	arbeeta	**ßtänga**	**tänka**	**truu**	**skriiwa**
	arbeiten	*schließen*	*denken*	*glauben*	*schreiben*
Gegenwart (ich ...)	**arbeta-r**	**stäng-er**	**tänk-er**	**tro-r**	**skriv-er**
	arbeetar	**ßtänger**	**tänker**	**truur**	**skriiwer**
	arbeite	*schließe*	*denke*	*glaube*	*schreibe*
Vergangenheit (ich ...)	**arbeta-de**	**stäng-de**	**tänk-te**	**tro-dde**	**skrev**
	arbeetade	**ßtängde**	**tänkte**	**trudde**	**skreew**
	arbeitete	*schloss*	*dachte*	*glaubte*	*schrieb*
Mittelwort (Partizip)	**arbeta-t**	**stäng-t**	**tänk-t**	**tro-tt**	**skriv-it**
	arbeetat	**ßtängt**	**tänkt**	**trutt**	**skriiwit**
	gearbeitet	*geschlossen*	*gedacht*	*geglaubt*	*geschrieben*

Am Ronneby-Fluss

Foto: Christine Schönfeld

In Gruppe 2b endet der Stamm auf k, p, s, t und bekommt deshalb -te in der Vergangenheit (vgl. tänkte). In Gruppe 4 gibt es also einen Selbstlautwechsel.

Oft vorkommende Wechsel sind:

i	e	i (langes i und e)
skriver	**skrev**	**skrivit**
skriiwer	*skreew*	*skriiwit*
schreibe	schrieb	geschrieben

i	a	u (kurze Selbstlaute)
dricker	**drack**	**druckit**
drikker	*drakk*	*drukkit*
trinke	trank	getrunken

u	ö	u
bjuder	**bjöd**	**bjudit**
bjüüder	*bjööd*	*bjüüdit*
biete an	bot an	angeboten

y	ö	u
flyger	**flög**	**flugit**
flüüger	*flöög*	*flüügit*
fliege	flog	geflogen

Einige unregelmäßige Verben stehen mit den Stammformen in der Wörterliste am Ende des Buches.

Zeiten

Nun können Sie mit Hilfe der Formen schon einige Zeiten bilden, aber es fehlen noch die „zusammengesetzten" Zeiten Perfekt (vollendete Gegenwart) und Plusquamperfekt (vollendete Vergangenheit).

Diese bildet man im Schwedischen immer mit einer Form von ha (haben), also nie mit einer Form von „sein", wie das im Deutschen oft der Fall ist.

Perfekt:	Plusquamperfekt:
Jag har arbetat.	**Jag hade arbetat.**
jaa haar arbeetat	***jaa hade arbeetat***
Ich habe gearbeitet.	Ich hatte gearbeitet.

Der Gebrauch von vollendeter und einfacher Vergangenheit unterscheidet sich sehr wesentlich vom Deutschen. Während wir meist das Perfekt benutzen, gebraucht man im Schwedischen für alles, was in der Vergangenheit passiert und abgeschlossen ist, die einfache Vergangenheit (Präteritum). Nur wenn ein Vorgang noch in die Gegenwart reicht, wird auch wirklich das Perfekt benutzt!

Zukunft

Die Zukunft kann man auf verschiedene Art ausdrücken. Eine Möglichkeit ist ska plus Grundform:

Jag ska åka till Sverige.
jaa ßka ooka till ßwärje
ich werde fahren nach Schweden
Ich werde nach Schweden fahren.

Eine andere Möglichkeit ist, die Gegenwartsform mit einer Zeitangabe zu benutzen:

I morgon åker jag till Sverige.
i morron ooker jaa till ßwärje
Morgen fahre ich nach Schweden.

Das Passiv

Es gibt zwei Möglichkeiten, das Passiv zu bilden. Die übliche Form ist, einfach ein -s an die aktive Verbform zu hängen. Nur in der Gegenwart kommt das -s an den Wortstamm:

jag hämtas
jaa hämtaß
ich geholt-werde
ich werde geholt

jag hämtades
jaa hämtadeß
ich geholt-wurde
ich wurde geholt

jag har hämtats
jaa haar hämtatß
ich bin geholt-worden

Die zweite Möglichkeit ist dem Deutschen ähnlicher, wird aber eigentlich nur dann benutzt, wenn die Satzaussage (das Prädikat) mehrere Verben beinhaltet, also z. B. zusammengesetzte Zeiten, Konstruktionen mit

Hilfsverben usw.). Dazu benutzt man eine Form von bli (werden):

jag ska bli hämtad
jaa ßka bli hämtad
ich werde werden geholt
ich werde geholt werden

jag blir hämtad
jaa bliir hämtad
ich werde geholt

jag blev hämtad
jaa bleew hämtad
ich wurde geholt

Wortstellung

In Hauptsätzen steht wie im deutschen das Tätigkeitswort (Verb) an der zweiten Stelle.

Jag äter frukost klockan 8.
jaa ääter frukoßt klokkan otta
Ich esse Frühstück um 8 Uhr.

Frukost äter jag klockan 8.
frukoßt ääter jaa klokkan otta
Frühstück esse ich um 8 Uhr.

Klockan 8 äter jag frukost.
klokkan otta ääter jaa frukoßt
Um 8 Uhr esse ich Frühstück.

Hilfsverben

Das Verb vara (sein) wird im Schwedischen nicht zur Bildung zusammengesetzter Zeiten benötigt. Alle Formen werden mit ha (haben) gebildet.

vara (sein)

jag är ***jaa ee***	ich bin
jag var ***jaa waar***	ich war
jag har varit ***jaa haar waarit*** *ich habe gewesen*	ich bin gewesen

ha (haben)

jag har ***jaa haar***	ich habe
jag hade ***jaa hadde***	ich hatte
jag har haft ***jaa haar haft***	ich habe gehabt

Für die vollendeten Zeitformen (Perfekt, Plusquamperfekt) benutzt man immer ha, also z. B.:

jag har kommit
jaa haar kommit
ich bin gekommen

Modalverben

få *foo*	dürfen
jag får *jaa foor*	ich darf
jag fick *jaa fikk*	ich durfte
jag har fått *jaa haar fott*	ich habe gedurft
skola *ßkuula*	sollen
jag ska *jaa ßka*	ich soll
jag skulle *jaa ßkulle*	ich sollte
jag har skolat *jaa haar ßkuulat*	ich habe gesollt
kunna *kunna*	können
jag kan *jaa kann*	ich kann
jag kunde *jaa kunnde*	ich konnte
jag har kunnat *jaa haar kunnat*	ich habe gekonnt
vilja *wilja*	wollen
jag vill *jaa will*	ich will
jag ville *jaa wille*	ich wollte
jag har velat *jaa haar weelat*	ich habe gewollt

Von „müssen" gibt es nur noch eine Form. Ob also die Gegenwart oder die Vergangenheit gemeint ist, kann man hier nur aus dem Zusammenhang erkennen.

jag måste
jaa moßte
ich muss

jag måste
jaa moßte
ich musste

Bindewörter

Die Bindewörter (Konjunktionen) werden wie im Deutschen benutzt.

och *oo / okk*	und
men *men*	aber
när *näär*	als, wenn (zeitlich)
eftersom *efteschom*	weil
om *om*	falls, wenn
därför *därför*	deshalb
för *för*	denn
för att *för att*	um zu, weil
så att *ßo att*	so dass
eller *eller*	oder

Foto: Christine Schönfeld

dass (= Plumpsklo)

Fragen

Entscheidungsfragen, also Fragen, auf die man nur mit Ja oder Nein antworten kann, bildet man wie im Deutschen, indem man die Wortreihenfolge des Aussagesatzes umstellt.

Entscheidungsfragen

Du går till affären.
düü goor till affäären
Du gehst zu dem Laden.

Går du till affären?
goor düü till affäären
Gehst du zu dem Laden?

Foto: Christine Schönfeld

Buchhandlung, Kristianstad

Satzfragen

Auch bei Satzfragen, also Fragen, auf die man mit einem vollständigen Satz antwortet und die mit einem Fragewort beginnen, ist die Wortstellung wie im Deutschen.

vem? ***wem***	wer?
vad? ***wa***	was?
var? ***waar***	wo?
när? ***näär***	wann?
hur? ***hüür***	wie?

Vart går du?
waart goor düü
Wohin gehst du?

Vad är det?
wa ee dee
Was ist das?

Vem är det?
wem ee dee
Wer ist das?

Hur länge?
hüür länge
Wie lange?

ja & nein

Auf eine Frage wie ...

Åker du tåg till Stockholm?
ooker düü toog till ßtokkholm
fährst du Zug nach Stockholm?
Fährst du mit dem Zug nach Stockholm?

antwortet man ...

Ja, det gör jag.
jaa, dee jöör jaa
Ja, das mache ich.

oder ...

Nej, det gör jag inte.
nej, dee jöör jaa inte
Nein, das mache ich nicht.

Jag åker inte tåg till Stockholm.
jaa ooker inte toog till ßtokkholm
ich fahre nicht Zug nach Stockholm
Ich fahre nicht mit dem Zug nach Stockholm.

In den Hauptsätzen steht inte nach dem ersten Verb, in Nebensätzen vor diesem!

Jag kan inte åka bil till Stockholm.
jaa kan inte ooka biil till ßtokkholm
ich kann nicht fahren Auto nach Stockholm
Ich kann nicht mit dem Auto nach Stockholm fahren.

Han säger att han inte kan åka bil till Stockholm.
Han sääjer att han inte kan ooka biil till Stokkholm
er sagt dass er nicht kann fahren Auto nach Stockholm
Er sagt, dass er nicht mit dem Auto nach Stockholm fahren kann.

Foto: Jan-Erik Andersson, © Malmö Turism

Die Öresundbrücke verbindet Malmö mit Kopenhagen

Genau wie inte werden auch folgende Umstandswörter (Adverben) im Satz platziert:

aldrig *aldrig*	nie
alltid *altid*	immer
alltså *altßoo*	also
bara *baara*	nur
gärna *jäärna*	gern
möjligtvis *möjlitwiiß*	möglicherweise
säkert *ßääkert*	sicher

Für verneinende Sätze können auch diese Wörter benutzt werden:

ingen *ingen*	niemand, kein
inte heller *inte heller*	auch nicht
ingenting *ingenting*	nichts
varken ... eller ... *warken ... eller ...*	weder ... noch

Zahlen & Zählen

En oder ett (eins) benutzt man je nach grammatischen Geschlechts des Hauptwortes.

0	**noll**	*noll*	10	**tio**	*tiio / tiie*
1	**en, ett**	*en, ett*	11	**elva**	*elwa*
2	**två**	*twoo*	12	**tolv**	*tolw*
3	**tre**	*tre*	13	**tretton**	*tretton*
4	**fyra**	*füüra*	14	**fjorton**	*fjuton*
5	**fem**	*fem*	15	**femton**	*femton*
6	**sex**	*ßex*	16	**sexton**	*ßexton*
7	**sju**	*hhüü*	17	**sjutton**	*hhütton*
8	**åtta**	*otta*	18	**arton**	*aarton*
9	**nio**	*niio / niie*	19	**nitton**	*nitton*

20	**tjugo**	*schügo*
21	**tjugoen, -ett**	*schügo-en, schügo-ett*
22	**tjugotvå ...**	*schügotwo*

30	**trettio**	*tretti*
40	**fyrtio**	*fötti*
50	**femtio**	*femti*
60	**sextio**	*ßexti*
70	**sjuttio**	*hhütti*
80	**åttio**	*otti*
90	**nittio**	*nitti*

Hochsprachlich werden die Zahlen 30-90 auch ***trettio, trettioett, trettiotvå,*** usw. ***fyrtio, femtio, sextio*** usw. ausgesprochen.

100	**(ett-)hundra** *(ett-)hundra*
101	**(ett-)hundraen,** *(ett-)hundraen* **(ett-)hundraett** *(ett-)hundraett*
1.000	**(ett-)tusen** *(ett-)tüüßen*
2.000	**tvåtusen** *twotüüßen*
1.000.000	**en miljon** *en miljuun*
2.000.000	**två miljoner** *two miljuuner*

Zusammengesetzte Zahlen werden in dieser Reihenfolge gebildet:

Tausender - Hunderter - Zehner - Einer

Jahreszahlen spricht man bis 1999 wie im Deutschen. Ab 2000 sagt man „zwanzighundert":

nittonhundrasextiosju *nittonhundraßextiohhüü*	1967
tjugohundrafyra *schügohundrafüra*	2004

Ordnungszahlen

1.	**första** *föschta*	11.	**elfte** *elfte*
2.	**andra** *andra*	12.	**tolfte** *tolfte*
3.	**tredje** *treedje*	13.	**trettonde** *trettonde*
4.	**fjärde** *fjärde*	14.	**fjortonde** *fjutonde*
5.	**femte** *femte*	15. 15.	**femtonde** *femtonde*
6.	**sjätte** *hhätte*	16.	**sextonde** *ßextonde*
7.	**sjunde** *hhunde*	17.	**sjuttonde** *hhuttonde*
8.	**åttonde** *ottonde*	18.	**artonde** *artonde*
9.	**nionde** *niionde*	19.	**nittonde** *nittonde*
10.	**tionde** *tiionde*	20.	**tjugonde** *schügonde*

Bei zusammengesetzten Zahlen ist nur der Einer eine Ordnungszahl.

21.	**tjugoförsta**	70.	**sjuttionde**
22.	**tjugoandra ...**	80.	**åttionde**
30.	**trettionde**	90.	**nittionde**
40.	**fyrtionde**	100.	**hundrade**
50.	**femtionde**	101.	**hundraförsta**
60.	**sextionde**		

Zeitangaben

Wer nach Finnland fährt, muss die Uhr eine Stunde vorstellen.

en minut *en minüüt*	eine Minute
en timme *en timme*	eine Stunde
en dag *en daag*	ein Tag
en natt *en natt*	eine Nacht
en vecka *en wekka*	eine Woche
en månad *en moonad*	ein Monat
ett år *ett oor*	ein Jahr
en morgon *en morron*	ein Morgen
en eftermiddag *en eftermidda*	ein Nachmittag
en kväll *en kwäll*	ein Abend
igår *igoor*	gestern
idag *idaag*	heute
i morgon *i morron*	morgen
på morgonen *po morronen*	am Morgen
på eftermiddagen *po eftermiddaagen*	am Nachmittag
på kvällen *po kwällen*	am Abend

Uhrzeit

Vad är klockan?
wa ee klokkan
was ist die-Uhr?
Wie spät ist es?

Hur mycket är klockan?
hüür mükke ee klokkan
wie viel ist die-Uhr
Wie spät ist es?

halv fem
halw fem
halb fünf
halb fünf

klockan ett
klokkan ett
die-Uhr eins
1 Uhr / 13 Uhr

tio i tre
tio i tree
zehn in drei
zehn vor drei

kvart över två
kwart öwer twoo
viertel über 2
viertel nach zwei

Klockan är fem.
klokkan ee fem
die Uhr ist fünf
Es ist 5 Uhr.

När börjar du?
näär börjar düü
wann beginnst du
Wann fängst du an?

Jag börjar klockan åtta.
jaa börjar klokkan otta
ich fange-an die-Uhr acht
Ich fange um acht Uhr an.

Datum

Die Datumsangabe erfolgt wie im Deutschen mit Ordnungszahlen:

Übrigens: Das i *im zweiten Satz wird nur gesprochen, aber nicht geschrieben.*

den femte mars
den femte masch
der fünfte März /
am fünften März

den femte (i) tredje
den femte (i) treedje
der fünfte (im) dritte
der 5. 3. / am 5. 3.

Das Datum schreibt man in Schweden in der Reihenfolge „Jahr – Monat – Tag", also genau anders herum als bei uns:

85 04 17	17. 04. 85

Monate

januari	*januari*	Januar
februari	*februari*	Februar
mars	*masch*	März
april	*april*	April
maj	*maj*	Mai
juni	*jüni*	Juni
juli	*jüli*	Juli
augusti	*augusti*	August
september	*september*	September
oktober	*oktober*	Oktober
november	*november*	November
december	*deßember*	Dezember

Wochentage

måndag	*monda*	Montag
tisdag	*tiisda*	Dienstag
onsdag	*unsda*	Mittwoch
torsdag	*tuuschda*	Donnerstag
fredag	*freeda*	Freitag
lördag	*löörda*	Sonnabend
söndag	*sönda*	Sonntag

Foto: Karl-Axel Daude

Café in der Stockholmer Altstadt

Kurz-Knigge

Schweden ist ein Land, das uns nicht nur räumlich nahe ist. Vieles von dem, was man in Deutschland als typisches Verhalten empfindet, ist es auch in Schweden. Aber auch wenn alles auf den ersten Blick gleich aussieht, sollte man darauf achten, dass es trotz aller Ähnlichkeit Unterschiede gibt.

In verschiedenen Untersuchungen ist Schweden das modernste Land der Erde. Man ist neuen Ideen und Dingen gegenüber sehr aufgeschlossen. Moderne gesunde Ernährung ist seit vielen Jahren fest etabliert, ebenso wie Schnellrestaurantketten überall zu finden sind. Die Anzahl der Mobiltelefone pro Kopf liegt mit an der Weltspitze und die Internetnutzung ist schon lange verbreitet.

Die Gleichstellung der Frauen ist in Schweden viel weiter fortgeschritten als in anderen (auch europäischen) Ländern. Aber gleichzeitig sind die Vorstellungen, dass alle so freizügig sind, falsch. Am Strand zieht man sich eher diskret um und in die Sauna im Schwimmbad gehen Damen (dam) und Herren (herr) getrennt.

In Schweden gilt das Öffentlichkeitsprinzip. Das bedeutet, dass man das Recht hat, öffentliche Dokumente einzusehen. Man kann zum Beispiel nachsehen, wieviel Steuern jemand zahlt. Andererseits spricht man normalerweise nicht darüber, welche Partei man gewählt hat.

Wenn man sich so wie in Deutschland benimmt und gleichzeitig offen für die Dinge ist, die anders sind, wird man nicht viel falsch machen.

Schweden wirken auf manche kontinentale Europäer still und manchmal sogar abweisend, aber auch hier gilt, erst wartet man ein wenig ab. Andererseits ist man oft sehr hilfsbereit. Wer Fragen stellt, zeigt in Schweden keine Schwäche, sondern eher Interesse an den anderen. Schweden mögen es aber nicht gern, wenn man sich als Besserwisser darstellt. Dann kann man leicht abblitzen.

In Schweden lässt man sich gern mehr Raum, etwa draußen in der Natur, wo man sich nicht mit seinem Picknick dicht neben eine andere Gruppe setzt, wenn es genug Platz gibt, und auch in Cafés, wo man sich nicht gleich zu anderen Leuten an den Tisch setzt und ein Gespräch „aufdrängt“.

Anreden

Die Begrüßungen zu den unterschiedlichen Tageszeiten lauten:

god morgon! ***guu morron***	Guten Morgen!
god dag! ***guu daa***	Guten Tag!
god kväll! ***guu kwäll***	Guten Abend!
god afton! ***guu afton***	
god natt! ***guu natt***	Gute Nacht!
hej! ***hej***	Hallo!

Hej! ist die etwas formlosere Begrüßung zu jeder Tageszeit. Beim Verabschieden sagt man:

hej! *hej*	Tschüss!
hej då! *hej doo*	Tschüss!
adjö! *ajöö*	Auf Wiedersehen!

Umgangsformen

In Schweden hat sich seit den 60-er Jahren durchgesetzt, sich mit du anzusprechen. Ein du beinhaltet in Schweden aber weder Vertrautheit oder persönliche Nähe noch eine herablassende Haltung. Auch eine Sie-Form existiert. Man benutzt dazu die 2. Person Mehrzahl ni. Seien Sie also darauf gefasst, dass Sie jemand mit ni (Sie) anspricht. Im Allgemeinen kann man aber immer du benutzen. Um eine Frage oder eine Bitte an den Mann (oder an die Frau) zu bringen, kann man mit einem dieser Einleitungsworte beginnen:

förlåt ...
förloot ...
Entschuldigung ...

ursäkta ...
üürschäkta ...
Verzeihung ...

Kan du vara snäll och ...
kan düü waara ßnäll oo ...
kannst du sein nett und
Kannst du so nett sein und ...

Floskeln & Redewendungen

Die meisten der folgenden Redewendungen sind idiomatisch, man kann sie also nicht einfach wörtlich aus dem Deutschen ins Schwedische übersetzen.

Hur mår du?
hüür moor düü
Wie geht es dir?

Tack bra.
takk braa
Danke gut.

Dåligt.
doolit
Schlecht.

Och hur mår du själv?
oo hüür moor düü hhälw
Und wie geht es dir selbst?

Was man täglich brauchen kann

svenska *ßwenßka*	schwedisch
på svenska *po ßwenßka*	auf Schwedisch
så klart! *ßo klaart*	na klar!
okej! *okej*	o.k.!
vad synd! *wa ßünd*	wie schade!
verkligen? *werkligen*	wirklich?
bara *baara*	nur
ännu *ännü*	noch
en gång till! *en gong till*	noch einmal!
ja *jaa*	ja
nej *nej*	nein
varsågod! *waaschoguu*	bitte (schön)!

Talar du tyska?
taalar düü tüßka
Sprichst du Deutsch?

Talar du engelska?
taalar düü engelßka
Sprichst du Englisch?

Jag förstår inte.
jaa föschtoor inte
Ich verstehe nicht.

Kan du säga det en gång till?
kan düü ßäja dee en gong till
kannst du das sagen ein Mal noch
Kannst du das noch einmal sagen?

Kan du hjälpa mig?
kan düü jälpa mej
kannst du helfen mir
Kannst du mir helfen?

Jag vet.
jaa weet
Ich weiß.

Jag vet inte.
jaa weet inte
Ich weiß nicht.

Det stämmer.
dee ßtämmer
Das stimmt.

Tala inte så fort!
taala inte ßo fuut
Sprich nicht so schnell!

Tala långsamt!
taala longßamt
Sprich langsam!

Wetter

Hur blir vädret idag?
hüür bliir wäädret idaag
Wie wird das Wetter heute?

Det blir vackert väder.
dee bliir wakkert wääder
Es wird schönes Wetter.

Det blir dåligt väder.
dee bliir doolit wääder
Es wird schlechtes Wetter.

regn *rengn*	Regen
åska *oßka*	Gewitter
snö *ßnöö*	Schnee
frost *froßt*	Frost
sol *ßuul*	Sonne
molnigt *moolnit*	wolkig
moln *mooln*	Wolke
mulet *müület*	bedeckt
vind *wind*	Wind
soligt *ßuulit*	sonnig
storm *ßtorm*	Sturm
svag vind *ßwag wind*	schwacher Wind
måttlig vind *mottlig wind*	mäßiger Wind
kuling *küüling*	starker Wind

Det blåser.
dee blooßer
Es weht.

Det är halt.
dee ee haalt
Es ist glatt.

Einladungen

Wenn man zu jemandem nach Hause kommt, sollte man gleich am Eingang oder an der Garderobe die Schuhe ausziehen. Das ist allgemein üblich in Schweden und spart der Hausfrau/dem Hausmann viel Arbeit. Oft hat man auch ein zweites Paar Schuhe dabei.

Wenn Sie zu einem Essen eingeladen werden, werden sich Ihre Gastgeber sicher über eine Flasche Wein freuen (siehe dazu auch das Kapitel „Getränke").

bedanken

Ausländern fällt es immer auf, wie oft sich die Schweden bedanken. Man sollte gerade bei Einladungen darauf achten. Wenn Ihnen etwas angeboten wird oder z. B. Kaffee nachgeschenkt wird, was ein beliebter Sport bei allen schwedischen Gastgebern ist, antworten Sie immer mit:

Ja tack.
jaa takk
ja danke
Ja, bitte.

Nej tack.
nej takk
nein danke
Nein, danke.

wichtige Ausdrücke mit „tack"

Tack så mycket.
takk ßo mükke
danke so viel
Vielen Dank.

Tack för maten.
takk för maaten
danke für Essen
Danke für das Essen.

Wenn man sich dann das nächste Mal wieder trifft, bedankt man sich auch gern:

Tack för senast.
takk för ßeenaßt
danke für zuletzt
Danke für neulich/das letzte Mal.

verabschieden

Jag måste gå nu.
jaa moßte goo nüü
ich muss gehen jetzt
Ich muss jetzt gehen.

Vi träffas igen.
wi träffaß ijen
wir treffen-uns wieder
Wir treffen uns wieder.

Vi ses.
wi ßeeß
wir sehen-uns
Wir sehen uns. / Bis bald!

Vi hörs.
wi hösch
wir hören-uns
Wir hören uns wieder, wir telefonieren

Hej då!
hej doo
Tschüß!

Ha det bra!
haa dee braa
hab es gut
Mach's gut!

Hälsa från mig!
hälsa fron mej
Grüße von mir!

Foto: Christine Schönfeld

Flohmarkt in Ronneby

Schimpfwörter

Hier sind einige Worte, die recht oft gehört werden, die man aber selbst nicht so viel benutzen sollte, weil man zum Gebrauch von Schimpfworten immer schon recht viel von einer Sprache wissen muss!

fan *faan*	Teufel – ist wohl das am häufigsten gebrauchte Schimpfwort.
jävla *jääwla*	verteufelt, Scheiß ... (von **djävul** = Teufel)
skit *hhiit*	Scheiße

prata skitsnack
praata hhiitßnakk
reden Scheißschnack
dummes Zeug reden

Slang

en tjej	*schej*	Mädchen, Frau (neutral)
en brud	*brüüd*	Braut (nicht neutral)
en kille	*kille*	Junge, Mann, Typ (neutral)
en beng	*beng*	Bulle (Polizist)
en snut	*ßnüüt*	Polizei
en puss	*pußß*	Küsschen
en toa	*tuua*	Klo
ett hoj	*hoj*	Fahrrad
kolla	*kolla*	gucken, kontrollieren
en macka	*makka*	Butterbrot
käka	*schääka*	essen
spänn	*ßpänn*	Geld
dojor	*dojur*	Schuhe

Small-Talk

Vad heter du?
wa heeter düü
Wie heißt du?

Jag heter Kalle.
jaa heeter Kalle
Ich heiße Kalle.

Var bor du?
waar boor düü
Wo wohnst du?

Jag bor i Kiel.
jaa boor i Kiel
Ich wohne in Kiel.

Varifrån kommer du?
waarifron kommer düü
Woher kommst du?

Jag kommer från Tyskland.
jaa kommer fron Tüßkland
Ich komme aus Deutschland.

... Österrike.
... Ößterrike
... Österreich

... Schweiz.
... Schwejz
... der Schweiz.

Jag är tysk.
jaa ee tüsk
Ich bin Deutscher.

Jag är tyska.
jaa ee tüßka
Ich bin Deutsche.

Jag talar bara lite svenska.
jaa taalar baara liite ßwenßka
Ich spreche nur etwas Schwedisch.

Kan du tala lite långsammare?
kan düü taala liite longßammare
kannst du sprechen etwas langsamer
Kannst du etwas langsamer sprechen?

Hur gammal är du?
hüür gammal ee düü
Wie alt bist du?

Jag är tjugonio år.
jaa ee schügoniio oor
Ich bin 29 Jahre.

Är du gift?
ee düü jift
Bist du verheiratet?

Jag är gift.
jaa ee jift
Ich bin verheiratet.

Jag är inte gift.
jaa ee inte jift
Ich bin nicht verheiratet.

Har du barn?
haar düü baarn
Hast du Kinder?

Jag har inga barn.
jaa haar inga barn
Ich habe keine Kinder.

Jag har två barn.
jaa haar twoo barn
Ich habe zwei Kinder.

en pojke
en pojke
ein Junge

en flicka
en flikka
ein Mädchen

Vad arbetar du med?
wa arbeetar düü me
was arbeitest du mit
Was arbeitest du?

Jag går i skolan.
jaa goor i skoolan
ich gehe in die Schule
Ich gehe zur Schule.

Jag är student.
jaa ee ßtudent
Ich bin Student.

Jag studerar.
jaa ßtudeerar
Ich studiere.

Jag är arbetare.
jaa ee arbeetare
Ich bin Arbeiter.

Jag är anställd på ett stort företag.
jaa ee anßtälld po ett ßtuurt fööretaag
Ich bin angestellt bei einer großen Firma.

bei Freunden

Du kan övernatta hos oss.
düü kanööwernatta hußß oßß
du kannst übernachten bei uns
Du kannst bei uns übernachten.

Du kan stanna här.
düü kan ßtanna häär
du kannst bleiben hier
Du kannst hier bleiben.

Du kan sova här.
düü kan ßoowa häär
Du kannst hier schlafen.

Jag är dödstrött.
jaa ee dödßtrött
Ich bin todmüde.

Jag har min sovsäck med mig.
jaa haar min ßoowßäkk me mej
ich habe meinen Schlafsack mit mir
Ich habe meinen Schlafsack dabei.

Am nächsten Morgen:

Har du sovit gott?
haar düü ßoowit gott
hast du geschlafen gut
Hast du gut geschlafen?

Är du hungrig?
ee düü hungrig
bist du hungrig
Hast du Hunger?

När börjar du arbeta?
näär böörjar düü arbeeta
wann beginnst du arbeiten
Wann beginnst du zu arbeiten?

Ska jag gå och handla?
ßka jaa go oo handla
soll ich gehen und einkaufen
Soll ich einkaufen gehen?

Vill du följa med?
will düü följa meed
willst du kommen mit
Willst du mitkommen?

Tack, jättebra.
takk, jättebraa
danke riesig-gut
Danke, ganz prima.

Är du ledig idag?
ee düü leedig idaag
bist du frei heute
Hast du heute frei?

När slutar du jobba?
näär ßlüütar düü jobba
wann aufhörst du arbeiten
Wann hörst du auf zu arbeiten?

När ska jag vara tillbaka?
näär ßkaa jaa wara tillbaaka
wann soll ich sein zurück
Wann soll ich zurück sein?

Vad gör vi ikväll?
wa jöör wi ikwäll
Was machen wir heute Abend?

Feste

Schweden hat eine reiche Tradition, wie man Feste und Feiertage im Laufe des Jahres begeht. Ich möchte Ihnen die wichtigsten vorstellen, aber vielleicht können Sie ja auch an einem der Feste teilnehmen.

Jul (Weihnachten)

Weihnachten ist wohl das größte Fest des Jahres. Schon in der Adventszeit werden die Häuser mit vielen Kerzen geschmückt. Das wichtigste ist der Adventsleuchter mit vier Kerzen. Heute stellt man auch elektrische Leuchter ins Fenster, was an den langen Abenden sehr schön aussieht, da man in Schweden keine Gardinen vor den Fenstern hat. Ein erster Höhepunkt ist der 13. Dezember, der Lucia-Tag. Dann kommt Lucia mit einer Kerzenkrone auf dem Kopf und in einem weißen Hemd. Auch ihr Gefolge ist weiß gekleidet. Sie singen Lucialieder und bringen (früh-!)morgens Kaffee und Lussekatter ***Lußßekatter,*** das traditionelle Gebäck. Und so wecken Kinder ihre Eltern, Schüler ihre Lehrer, Studenten ihre Professoren ... Meist wird den ganzen Tag über gefeiert. Natürlich gibt es auch „offizielle" Lucias.

Weihnachten ist ein sehr lustiges Fest, was auf heidnische Bräuche zurückzuführen ist. Man singt, tanzt um den Weihnachtsbaum und es gibt sehr viel und reichlich zu essen.

Auf dem julbord ***jüülbuurd*** (Weihnachtstisch) ist der jul-skinka ***jüül-hhinka*** (Weihnachtsschinken) die Hauptattraktion. Der gepökelte Schinken wird gekocht und dann mit einer Mischung aus Senf, Zucker, Bröseln und Ei überbacken. Viele Leute machen auch julkorv ***jüülkorw*** (Weihnachtswurst) selber. Außerdem gehören verschiedene eingelegte Heringe, Heringssalat, Rippchen mit Backpflaumen und Stockfisch mit weißer Sauce und und und dazu. Weihnachten dauert traditionell bis zum Knut-Tag am 13. Januar.

Påsk (Ostern)

Schon vor Ostern stellt man Zweige auf, die mit bunten Federn geschmückt werden. Auch bemalte Eier gehören zu diesem Fest. Osterhasen gibt es aber nicht.

Första maj (1. Mai)

Der 1. Mai ist auch in Schweden Feiertag der Arbeiter mit Demonstrationen, Reden usw. Er ist aber auch der Wendepunkt vom Winter zum Frühling. Am Abend vorher, Valborgsmässoafton ***waalborjsmässuafton*** (Walpurgisnacht), werden Feuer gemacht und Frühlingslieder gesungen.

Der 1. Mai ist auch Feiertag der Studenten, besonders in den alten Universitätsstädten Uppsala und Lund. Dort werden Ansprachen gehalten und das Frühlingskonzert des Universitätschores wird im Radio übertragen.

Man setzt seine weiße Studentenmütze auf und dann geht es auf eines der vielen Feste in der „Nacht vom letzten April zum zweiten Mai“.

Foto: Bo Lind, © VisitSweden

Mittsommerfest

Midsommar (Mittsommer)

Midsommar ***midßommar*** (Mittsommer) ist das größte Fest im Sommerhalbjahr. Ursprünglich an den 24. Juni (Johannistag) gebunden, hat man in Schweden den Mittsommertag auf den nächstliegenden Sonnabend gelegt. Besonders groß wird Mittsommer in Dalarna gefeiert.

Die Hauptfeier liegt eigentlich am Abend vorher, dem Midsommarafton ***midßommarafton*** (Mittsommerabend). Da wird die Mittsommerstange (eine Art Maibaum) mit Blättergirlanden und Blumen geschmückt, was oft mit einem Umzug mit Musik durch das Dorf verbunden ist. Viele Leute haben ihre Trachten an. Ist die Stange dann aufgerichtet, beginnt man mit Tänzen um die Stange, wobei das teilweise dieselben Tänze sind, die man auch um den Weihnachtsbaum tanzt. Das Fest geht dann meist bis zum Sonnenaufgang am Mittsommertag.

Lieder

Übrigens wird bei Festen und Feiern nicht einfach getrunken. Es gibt eine reiche Sammlung von Trinkliedern, und zu jedem Schnaps, oder wenn auf etwas angestoßen wird, singt man so ein kleines Lied. Im Sommer kann man das auf einem der vielen Krebsessen (im August) erleben.

Unterhaltung

Ein typisches Sommervergnügen ist ein Besuch in einem Folkets park ***folketß park*** (Volkspark). Solche Parks gibt es in vielen auch sehr kleinen Orten. Hier werden Theateraufführungen, Revues und Konzerte veranstaltet. Fast alle schwedischen Stars und Sternchen machen im Sommer eine Volkspark-Tournee.

inträdesavgift ***inträädeßawjift*** *Eintrittsabgabe*	Eintritt
vuxna ***wuxna***	Erwachsene
barn ***baarn***	Kinder

Essen & Trinken

Mit einem Smartphone können Sie sich die mit einem 👂 gekennzeichneten Sätze dieses Kapitels anhören. Scannen Sie einfach den QR-Code mit Hilfe einer kostenlosen App (z. B. „Barcoo" oder „Scanlife").

Die schwedischen Mahlzeiten gestalten sich etwas anders als bei uns.

frukost *frukoßt*	Frühstück (morgens)
lunch *lunhh*	Lunch (mittags, kleine, nicht immer warme Mahlzeit)
middag *middag*	Mittag (spätnachmittags, die große, warme Mahlzeit)
mellanmål *mellanmol*	Zwischenmahlzeit

Dazwischen gibt es immer wieder Kaffeepausen – fika bedeutet „Kaffepause", und als Verb „Kaffeepause machen". Oft gibt es am späten Abend noch eine Tasse Kaffee zu einem Brot.

en kniv	*kniiw*	ein Messer
en gaffel	*gaffel*	eine Gabel
en sked	*hheed*	ein Löffel
en tallrik	*tallrik*	ein Teller
en kopp	*kopp*	eine Tasse
en kopp kaffe	*kopp kaffe*	eine Tasse Kaffee
en kopp te	*kopp tee*	eine Tasse Tee
ett glas vatten	*glaaß watten*	ein Glas Wasser
en flaska öl	*flaßka ööl*	eine Flasche Bier

Das schwedische Essen unterscheidet sich nicht sehr vom deutschen, aber es lohnt sich, ein paar traditionelle schwedische Gerichte zu probieren. Im Folgenden eine kleine Auswahl an svensk husmanskost *ßwenßk hüüßmanßkoßt* = schwedischer Hausmannskost:

fisk (Fisch)

inlagd sill *inlagd ßill*	eingelegter Hering
strömming *ßtrömming*	Ostseehering
lutfisk *lüütfisk*	Stockfisch (gibt es zu Weihnachten)
Janssons frestelse *Jaanßonß freßtelße*	„Janssons Versuchung“ (Auflauf mit Kartoffeln und Anchovis)

Das ist natürlich nur eine kleine Auswahl der bekanntesten (und preiswertesten) Gerichte, die wohl in ganz Schweden zu bekommen sind. Dazu gibt es aber noch viele landschaftsbezogene Nationalspeisen. In Ångermanland gibt es zum Beispiel Kams, *das sind Klöße aus Kartoffeln mit Speckfüllung.*

kött (Fleisch)

köttbullar med lingon *schöttbullar me lingon* Fleischklößchen mit Preiselbeeren
pytt i panna *pütt i panna* Bratkartoffeln mit Fleisch
ärtsoppa med fläsk *äärtschoppa med fläsk* Erbsensuppe mit Speck
blodpudding *bluudpudding* Blutpudding (eine Art Blutwurst)

mjölk (Milch)

lättmjölk *lättmjölk*
Leichtmilch – ist fettarme Milch.

filmjölk *fiilmjölk*
eine Art Sauermilch, die meist zum Frühstück gegessen wird. Man bestreut sie mit Zucker und Zimt oder Ingwer. Man kann sie aber auch „pur“ trinken.

lättfil *lättfiil*
eine fettarme, etwas dünnere Art

långfil *longfiil*
eine recht zähflüssige Sauermilch, die Sie auf jeden Fall probieren sollten, wenn Sie sie selbstgemacht auf einer **fäbod** *fääbuud* (Almhütte) bekommen können.

ost (Käse)

Es lohnt sich sehr, die schwedischen Käsesorten zu kosten. Die Palette reicht von sehr milden Sorten wie Herrgårdsost (Gutshofkäse) bis zu sehr herzhaften Sorten wie gut gelagertem (lagrad) Västerbotten.

Getränke

Das Lieblingsgetränk der Schweden ist Kaffee. Man bekommt ihn zu jeder Tageszeit, von morgens bis spät abends.

Wenn man sich irgendwo eine Tasse Kaffee bestellt, wird man oft das Wort påtår sehen. Dann bekommt man entweder die zweite Tasse umsonst oder billiger. In einigen Cafés ist es noch nach alter Tradition üblich, dass man einmal für Kaffee (und Kuchen) bezahlt und dann so viele Tassen trinken darf, wie man will. Auch zu Hause kann man gefragt werden:

Vill du ha (en) påtår?
will düü haa (en) pootor
willst du haben (eine) weitere-Tasse
Möchtest du noch eine weitere Tasse?

vatten *watten*	Wasser
mjölk *mjölk*	Milch
te *tee*	Tee
choklad *hhoklaad*	Schokolade
sockerdricka *ßokkerdrikka*	schwedische Brause (Zuckergetränk)
mineralvatten *mineraalwatten*	Mineralwasser
öl *ööl*	Bier
läsk *läsk*	Erfrischungsgetränk

Alkohol

Bier gibt es in 3 Klassen:

klass I: lättöl *lättööl*
Leichtbier, hat sehr wenig Alkohol
klass II: folköl *folkööl*
Volksbier, hat nicht viel Alkohol, ähnlich der Stärke des englischen Bieres
klass III: starköl *ßtarkööl*
Starkbier, in der Stärke wie deutsches Bier

Bier der Klasse III wird nur in den staatlichen Alkoholmonopolläden **Systembolaget** ***ßüßteem-bulaget*** verkauft. Dort gibt es auch **vin** ***wiin*** (Wein) und alle anderen geistigen Getränke. Man muss mindestens 20 Jahre alt sein und manchmal auch zur Kontrolle den Ausweis vorzeigen, um dort einkaufen zu können. Es ist ratsam, während des Aufenthaltes in Schweden auf Alkohol zu verzichten oder auf den mitgebrachten Vorrat zurückzugreifen, da Alkohol in Schweden mit sehr hohen Steuern belegt ist.

Aus diesem Grunde freuen sich viele Schweden auch über ein flüssiges Gastgeschenk. Man muss aber darauf achten, dass ein Teil der Bevölkerung Alkohol aus religiösen oder anderen weltanschaulichen Gründen streng ablehnt.

en restaurang ***reßtorang*** ein Restaurant
– Restaurants unterscheiden sich von anderen Lokalen besonders dadurch, dass sie Alkohol ausschenken dürfen. Meist ist es dort auch etwas teurer.

en cafeteria ***cafeteeria*** Cafeteria
– meist mit Selbstbedienung, recht preiswert.

en grillbar ***grillbaar*** Grill

ett gatukök ***gatuschöök*** eine „Straßenküche“
– das ist eine Würstchenbude, wo man verschiedene einfache Schnellgerichte bekommen kann.

korv och mos ***korw oo muuß***
Würstchen mit Kartoffelbrei
– schmeckt dort sehr gut.

Foto: Karl-Axel Daude

die berühmteste Fischbude Stockholms, spezialisiert auf Ostseehering

Är det ledigt här?
ee dee leedit häär
ist es frei hier
Ist hier frei?

Det är upptaget.
dee ee upptaaget
Es ist besetzt.

Vad kostar det?
wa koßtar dee
was kostet das
Wie viel kostet das?

Det smakar bra.
dee ßmakar braa
Das schmeckt gut.

Jag ska ha en varm korv.
jaa ßka haa en warm korw
ich soll haben eine heiße Wurst
Ich möchte ein heißes Würstchen.

Kan jag få notan?
kan jaa fo nuutan
kann ich bekommen die Rechnung
Kann ich die Rechnung bekommen?

Unterwegs

Mit einem Smartphone können Sie sich die mit einem gekennzeichneten Sätze dieses Kapitels anhören.

Für eine erste Orientierung sind die folgenden Vokabeln wichtig:

vänster *wänßter*	links
höger *hööger*	rechts
till vänster *till wänßter*	nach links
till höger *till hööger*	nach rechts
rakt fram *raakt fram*	geradeaus
en gata *gaata*	eine Straße (in der Stadt)
en (lands-)väg *(landß-)wääg*	eine Straße (auf dem Land)
en motorväg *muuturwääg*	eine Autobahn/ Schnellstraße

Hur långt är det till ...?
hüür longt ee dee till ...
wie weit ist es bis
Wie weit ist es bis ...?

Det är långt.
dee ee longt
das ist weit
Es ist weit.

Det ligger nära ...
dee ligger näära ...
das liegt nah
Das liegt in der Nähe von ...

Hur kommer jag till ...?
hüür kommer jaa till ...
Wie komme ich zum/nach ...?

Var ligger ...?
waar ligger ...
Wo liegt ...?

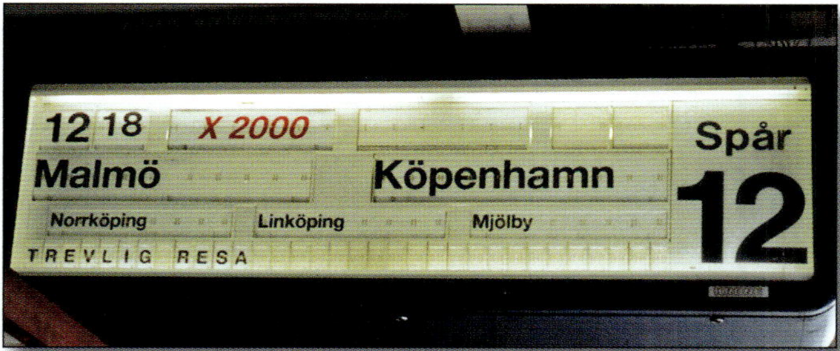

mit der Eisenbahn

Trevlig resa! – Gute Reise!

Wenn man mit dem Zug fahren will, kann man auch in Schweden Geld sparen, indem man im Voraus bucht. Für Fahrten mit dem X2000, der schwedischen Variante des ICE oder des Pendolino, benötigt man auf jeden Fall eine Platzkarte. In schwedischen Zügen herrscht wie an vielen öffentlichen Orten Rauchverbot.

Über aktuelle Preise und Angebote gibt die Homepage der schwedischen Eisenbahn, Statens Järnvägar, Auskunft: http://www.sj.se (auch auf englisch).

Tåg till Uppsala avgår klockan 12 från spår 2.
toog till Uppßaala awgoor klokkan tolv froon ßpoor twoo
Zug nach Uppsala abgeht 12 Uhr von Gleis 2
Der Zug nach Uppsala geht um 12 Uhr von Gleis 2 ab.

Auf einigen Strecken gibt es auch private Bahngesellschaften, die leicht im Internet zu finden sind. Wenn man eine längere Reise in Skandinavien oder Schweden machen will, lohnt sich eventuell ein Interrailticket. Siehe auch: http://de.interrail.eu

en biljett *biljett*	eine Fahrkarte
en platsbiljett *platßbiljett*	eine Platzkarte
en tur och retur biljett *tüür oo retüür biljett*	Hin- und Rückfahrkarte
första klass *föschta klaß*	erste Klasse
andra klass *andra klaß*	zweite Klasse
en tidtabell *tiidtabell*	ein Fahrplan
avgång *aawgong*	Abfahrt
ankomst *ankomßt*	Ankunft
dagligen *daagligen*	täglich
en sovvagn *ßoowwangn*	ein Schlafwagen
en liggvagn *liggwangn*	ein Liegewagen
försening *föscheening*	Verspätung
en resväska *reeßwäßka*	ein Koffer
en ryggsäck *rügßäkk*	ein Rucksack
ett bagage *bagaasch*	Gepäck
Statens Järnvägar (Abk. **SJ**) *ßtaatenß Jäärnwäägar*	Staatliche Eisenbahnen
en station *ßtahhuun*	ein Bahnhof
en perrong *perrong*	ein Bahnsteig
en biljettlucka *biljettlukka*	ein Fahrkartenschalter

mit dem Flugzeug

Wenn man unter 25 Jahre ist, kann man sehr preiswerte Inlandsflüge (Stand-by) nutzen.

Hur kommer jag till flygplatsen?
hüür kommer jaa till flüügplatßen
Wie komme ich zum Flughafen?

Avgång	**Ankomst**
aawgong	*ankomßt*
Abflug (Abgang)	Ankunft

Auch nach Schweden gibt es inzwischen viele Billigflüge, unter anderem von Lübeck oder Frankfurt-Hahn.

mit dem Bus

Es gibt ein gut ausgebautes Netz von Linienbussen im ganzen Land. In Nordschweden sind das oft Postbusse. Am besten informiert man sich am Busbahnhof in der jeweiligen Stadt.

en busstation *bußtachuun* ein Busbahnhof

mit städtischen Verkehrsmitteln

Das Netz von öffentlichen Verkehrsmitteln ist überall sehr gut ausgebaut. Straßenbahnen gibt es nur noch in Göteborg und in Norrköping. In Stockholm wird aber gerade eine Linie wieder eingeführt.

en buss	*bußß*	ein Bus
en tunnelbana	*tunnelbaana*	eine U-Bahn
en spårvagn	*ßpoorwangn*	eine Straßenbahn
en hållplats	*hollplatß*	eine Haltestelle
en färja	*fäärja*	eine Fähre

Die Stockholmer U-Bahn ist sehr sehenswert. Man nennt sie auch „das längste Kunstmuseum der Welt“, weil viele Stationen, besonders die neueren, sehr schön ausgemalt sind. Es lohnt sich daher, eine Touristenkarte zu kaufen, die einen bis drei Tage gilt und für das gesamte Stockholmer Verkehrsnetz gültig ist. Man kann also von der U-Bahn über Busse bis zu den kleinen Djurgårdsfähren alle öffentlichen Verkehrsmittel benutzen. Als Besitzer einer „Stockholm Card” hat man zusätzlich zur freien Fahrt in den öffentlichen Verkehrsmitteln auch freien Eintritt zu 80 Museen.

Es lohnt sich auch, das Auto nicht mit in die Stadt zu nehmen, da Parkplätze schwer zu finden sind und die Polizei gern Wagen abschleppt, was sehr teuer ist.

mit dem Auto

In Schweden gibt es folgende Geschwindigkeitsbegrenzungen:

110 km	auf Autobahnen und Schnellstraßen (motorvägar)
90 km	auf Landstraßen (landsvägar)
50 km	in den Städten

Auf vielen Strecken ist ein breiter Seitenstreifen von der Fahrbahn durch eine kurzgestrichelte Linie getrennt. Wenn ein Fahrzeug ein anderes überholen will, was oft durch (Licht-)Hupe angezeigt wird, so braucht man

Einige Landstraßen sind auf längeren Strecken mit Geschwindigkeitskameras versehen. Dies wird durch Beschilderung angekündigt. Es lohnt sich, die Geschwindigkeitsbegrenzungen zu beachten, denn Bußgelder sind in Schweden recht hoch!

nur auf den Seitenstreifen zu schwenken und den Hintermann vorbeilassen. Der wird sich meist mit Handzeichen bedanken. So kann man auch überholen, ohne den Gegenverkehr zu stören. Aber aufpassen, wenn der Seitenstreifen durch Radfahrer mitbenutzt wird!

Foto: Christine Schönfeld

Livsfarlig ledning

Hinweisschilder

Ej genomfart	keine Durchfahrt
Obehöriga äga	Unbefugten
ej tillträde	Betreten verboten
Livsfarlig ledning	lebensgefährliche Leitung =„Achtung Hochspannung"
Parkering förbjuden	Parken verboten

Elchschilder sind zwar beliebte Sammelobjekte, sind aber wichtig, denn gerade mit Elchen passieren immer wieder besonders schlimme Unfälle, also lieber im Shop kaufen!

tanken

Viele Tankstellen haben nachts geschlossen. Aber man kann dort mit Geldscheinautomaten tanken. Man sollte also immer kleinere Geldscheine zum Tanken behalten oder mit Kreditkarte bezahlen. Vielerorts sind die Geldscheinautomaten mittlerweile durch Tankautomaten ersetzt, an denen mit EC-Karte oder Kreditkarte gezahlt wird.

Das Tankstellennetz ist nicht so dicht wie in Deutschland, und nicht jede Tankstelle hat alle Kraftstoffarten. Also lieber rechtzeitig tanken.

en bensinstation *benßinßtahhuun*	eine Tankstelle
en mack *makk*	Tankstelle (umgangssprachlich)
motorolja *muuturolja*	Motoröl
en sedelautomat *ßeedelautomaat*	ein Geldschein-automat
tanka själv! *tanka hhälw* tanke selbst	Selbstbedienung
en punktering *punkteering*	eine Reifenpanne

Falls man mal einen Schaden an seinem Auto hat, hilft folgende Liste von Ersatzteilen:

Ersatzteile

en axel *axel*	Achse
en startmotor *ßtaartmuutur*	Anlasser
ett avgasrör *aawgaaßrör*	Auspuff
ett batteri *batterii*	Batterie
ett blinkljus *blinkjüüß*	Blinker
en broms *bromß*	Bremse
en packning *pakkning*	Dichtung
en reservdel *reßerwdeel*	Ersatzteil
en växel *wäxel*	Gang;
växellåda *wäxellooda*	Getriebe
en kabel *kaabel*	Kabel
en kilrem *schiilrem*	Keilriemen
en stänkskärm *ßtänkhhäärm*	Kotflügel
en kylare *schüülare*	Kühler
en koppling *koppling*	Kupplung

en tomgång	*tumgong*	Leerlauf
en ratt	*ratt*	Lenkrad
en motor	*muutur*	Motor
en olja	*olja*	Öl
ett hjul	*jüül*	Rad
ett däck	*däkk*	Reifen
en strålkastare	*ßtroolkaßtare*	Scheinwerfer
en slang	*ßlang*	Schlauch
en snökedja	*ßnööscheedja*	Schneekette
en säkring	*ßääkring*	Sicherung
en stötdämpare	*ßtöötdämpare*	Stoßdämpfer
en förgasare	*förgaaßare*	Vergaser
en domkraft	*dumkraft*	Wagenheber
ett tändstift	*tändßtift*	Zündkerze

mit dem Fahrrad

en cykel	*ßükkel*	Fahrrad
en broms	*bromß*	Bremse
en dynamo	*dünamo*	Dynamo
en glödlampa	*glöödlampa*	Glühbirne
en pakethållare	*pakeethollare*	Gepäckträger
en kedja	*scheedja*	Kette
en ringklocka	*ringklokka*	Klingel
ett kullager	*küllaager*	Kugellager
ett nav	*naaw*	Nabe
en ram	*raam*	Rahmen
ett framhjul	*framjüül*	Vorderrad
ett bakhjul	*baakjüül*	Hinterrad
en fälg	*fälj*	Felge
ett framljus	*framjüüß*	Vorderlicht

ett bakljus *baakjüüß*	Rücklicht
en styrstång *ßtüüschtong*	Lenker
en slang *ßlang*	Schlauch
ett lås *looß*	Schloss
en pedal *pedaal*	Pedale
ett däck *däkk*	Reifen
en sadel *ßaadel*	Sattel
en eker *eeker*	Speiche
en ventil *wentiil*	Ventil
en olja *olja*	Öl
en luftpump *luftpump*	Luftpumpe
en punktering *punkteering*	Reifenpanne

Wandern

Wenn man eine Fjäll-Wanderung machen will, also im Gebirge vielleicht in einem der Nationalparks wandern will, muss man sich besonders darauf vorbereiten. Die meisten Unfälle geschehen durch Unkenntnis und Leichtsinnigkeit der Touristen! Deshalb stelle ich einige der wichtigsten Wörter zusammen.

markerad led *markeerad leed*	markierter Wanderweg
omarkerad led *uumarkeerad leed*	unmarkierter Wanderweg
en bro *bruu*	eine Brücke
ett vad *waad*	eine Furt
ett vindskydd *windhhüdd*	ein Windschutz
en fjällstuga *fjällßtüüga*	eine Gebirgshütte

en kåta	*koota*	eine (Lappen-) Hütte
en fors	*fosch*	eine Stromschnelle
ett vattenfall	*wattenfall*	ein Wasserfall
ett renstängsel	*reenßtängßel*	ein Rentiergehege
en ren	*reen*	ein Rentier
ett tält	*tält*	ein Zelt
en ryggsäck	*rügßäkk*	ein Rucksack
en sovsäck	*ßoowßäkk*	ein Schlafsack
ett stormkök	*ßtormschök*	ein Spirituskocher
regnkläder	*rengklääder*	Regenkleidung
en jacka	*jakka*	eine Jacke
byxor	*büxur*	Hose
stövlar	*ßtöwlar*	Stiefel

Am Helge-Fluss

Foto: Christine Schönfeld

Reisen & Wohnen

Mit einem Smartphone können Sie sich die mit einem gekennzeichneten Sätze dieses Kapitels anhören.

Die Jugendherbergen des Schwedischen Touristenvereins STF (Svenska Turistföreningen) sind sehr zu empfehlen. Sie haben einen sehr hohen Standard. Teilweise sind sie in sehr schönen, aber einfachen, alten Häusern untergebracht. In Stockholm befindet sich die Jugendherberge sogar auf einem alten Segelschiff. Im Sommer während der Ferien sind einige Schulen mit Internat als Herbergen eingerichtet. Auch sonst haben nicht alle das ganze Jahr über geöffnet. Auskunft darüber gibt ein Katalog oder die Homepage von STF und der internationale Jugendherbergskatalog.

Campingplätze gibt es natürlich auch überall in Schweden. Manchmal gibt es am Wochenende Treffen auf Campingplätzen, wo viel getrunken wird und es dementsprechend laut zugeht. Dann kann man ein ganz tolles, sehr altes schwedisches Recht geltend machen, das so genannte „Jedermannsrecht“.

Allemansrätten (Jedermannsrecht)

Das bedeutet unter anderem, dass jeder überall (auch auf privaten Wiesen) für eine Nacht sein Zelt aufschlagen darf. Selbstverständlich darf man nichts zerstören und auch nicht irgendwo im Vorgarten sein Zelt aufstellen, also jemanden stören!

Am besten fragt man vorher beim nächsten Bauernhof nach:

Får jag tälta här?
for jaa tälta häär
darf ich zelten hier
Darf ich hier zelten?

Får jag stanna här en natt?
for jaa ßtanna häär en natt
darf ich bleiben hier eine Nacht
Darf ich hier eine Nacht bleiben?

ett vandrarhem *wandrarhem*	eine Jugendherberge
en campingplats *kampingplatß*	ein Campingplatz
ett tält *tält*	ein Zelt

Im Internet finden Sie alles über Jugendherbergen, auch auf Deutsch, unter www.svenskaturistforeningen.se *Es gibt auch andere Hostels, z. B. unter* www.svif.se/de/

Var kan jag ...?
waar kan jaa ...
Wo kann ich ...?

Hur länge stannar du här?
hüür länge ßtannar düü häär
Wie lange bleibst du hier?

en natt *en natt*	eine Nacht
två nätter *twoo nätter*	zwei Nächte

Wenn man im Wald oder in der Nähe zeltet, muss man bedenken, dass man wegen der Waldbrandgefahr oft kein Feuer machen darf!

Angeln

Für die meisten Seen braucht man eine Angelkarte (fiskekort), die man beim örtlichen Touristenbüro erwerben kann.

Im Hotel

Jag skulle vilja ha ett enkelrum.
jaa ßkulle wilja haa ett enkelrum
ich würde wollen haben ein Einzelzimmer
Ich hätte gern ein Einzelzimmer.

Jag skulle vilja ha ett dubbelrum.
jaa ßkulle wilja haa ett dubbelrum
ich würde wollen haben ein Doppelzimmer
Ich hätte gern ein Doppelzimmer.

Kan man beställa väckning?
kan man beßtälla wäkkning
kann man bestellen Wecken
Kann man einen Weckruf bestellen?

Det fattas ...
dee fattaß ...
Es fehlt ...

en handduk ***handduk***	Handtuch
en tvål ***twol***	Seife
en kudde ***kudde***	Kissen
en filt ***filt***	Decke

Einkaufen

Früher wurde Schweden oft als besonders teuer angesehen. Aber seit der EU-Mitgliedschaft hat sich das geändert. Oft kann man sogar besonders günstig einkaufen. Es gibt fast immer REA (Ausverkauf) oder extrapris, was soviel wie „heruntergesetzter Preis" bedeutet. Das lohnt sich besonders bei Kleidung, aber auch bei Freizeitausrüstung.

Wenn man in Schweden einkaufen geht, muss man fast immer eine Nummer ziehen. So gibt es keine Probleme, wer denn zuerst da war. Das gilt auch, wenn man alleine im Geschäft ist, sowie bei Banken, der Post, auf dem Bahnhof usw.

Es wird zum Teil angezeigt, wie lange man warten muss, damit man inzwischen noch andere Dinge erledigen kann.

Jag skulle vilja köpa ...
jaa ßkulle wilja schööpa
ich würde wollen kaufen
Ich möchte ... kaufen.

Jag ska ha ...
jaa ßka haa
ich soll haben
Ich möchte ...

Vad kostar det?
wa koßtar dee
Wie viel kostet das?

Finns det ...?
finnß dee ...
Gibt es ...?

Det här är billigare.
dee häär ee billigare
das hier ist billiger
Dies ist billiger.

Det här är dyrare.
dee häär ee düürare
das hier ist teurer
Dies ist teurer.

Mit einem Smartphone können Sie sich die mit einem gekennzeichneten Sätze dieses Kapitels anhören.

Einkaufen

Fast überall gibt es auch kleine Läden (Minilivs, 7-eleven), *die jeden Tag bis 23 Uhr geöffnet haben. Aber auch Supermärkte haben oft bis 21 Uhr und sonntags einige Stunden geöffnet.*

Man kann in den Städten zu fast jeder Tageszeit einen geöffneten Laden finden.

Einkaufslisten

livs *liwß*	Lebensmittelgeschäft (Abk. livsmedelsaffär)
en stormarknad *ßtuurmarknad*	ein Groß-, Supermarkt
ett varuhus *waarühüüß*	ein Warenhaus
ett bageri *bagerii*	eine Bäckerei
en affär *affäär*	ein Geschäft
öppet *öppet*	geöffnet
stängt *ßtängt*	geschlossen
en lanthandel *lanthandel*	ein Laden auf dem Land

Foto: Christine Schönfeld

Die Ladenschlusszeiten sind in Schweden weniger streng als in Deutschland

Fleisch & Wurst

grillkorv *grillkorw*	Grillwurst
köttfärs *tschöttfäsch*	Hackfleisch
skinka *hhinka*	Schinken
falukorv *faalükorw*	Fleischwurst
lever *leewer*	Leber
oxkött *uxschött*	Rindfleisch

Fisch

torsk *toschk*	Dorsch
räkor *rääkor*	Krabben
lax *lax*	Lachs
rödspätta *röödßpätta*	Scholle

Obst & Gemüse

äpple *äpple*	Apfel
apelsin *apelßiin*	Apfelsine
blåbär *bloobär*	Blaubeere
ärttor *ärtur*	Erbsen
jordgubbar *juurdgubbar*	Erdbeeren
hallon *hallon*	Himbeeren
blomkål *blumkool*	Blumenkohl
morötter *muurötter*	Wurzeln, Möhren
potatis *potaatiß*	Kartoffeln
körsbär *schöschbär*	Kirsche
tomat *tomaat*	Tomate
lingon *lingon*	Preiselbeeren
lök *löök*	Zwiebel

Obst und Gemüse ist teilweise in Schweden teurer als bei uns. Aber das ist auch kein Wunder, wenn man daran denkt, wie lang Schweden ist. Würde man es „runterklappen“, so würde es von Hamburg bis nach Sizilien reichen. Und auch ganz im Norden des Landes soll Gemüse noch erschwinglich sein.

Verschiedenes

bröd ***brööd***	Brot
smör ***ßmöör***	Butter
ägg ***ägg***	Ei
marmelad ***marmelaad***	Marmelade
grädde ***grädde***	Sahne
gräddfil ***gräddfiil***	saure Sahne
salt ***ßalt***	Salz
socker ***ßokker***	Zucker
mjöl ***mjööl***	Mehl
peppar ***peppar***	Pfeffer
senap ***ßeenap***	Senf

Bank, Post & Telefon

Die schwedische Post ist heute fast nur noch als Postagenturen in Supermärkten, an Tankstellen und Kiosken zu finden.

Eine Untersuchung 2013 zeigte, dass Schweden mit rund 10 Millionen Verträgen bei ungefähr 9,5 Millionen Einwohnern die größte Smartphone-Dichte der Welt hat. Für ausländische Besucher kann es von Vorteil sein, sich eine schwedische Prepaidkarte (ett kontantkort) zu besorgen, um die Kosten für Internetnutzung im Ausland niedrig zu halten. Diese bekommt man in den Läden der vier großen Anbieter oder im Kiosk (Pressbyrån). Um diese auch als Zahlungsmittel zu benutzen, muss man allerdings in Schweden gemeldet sein.

Var finns det ...?
waar finnß dee ...
Wo gibt es ... ?

Briefmarken kann man allerdings auch fast überall dort bekommen, wo man Postkarten kaufen kann.

en bank *bank*	eine Bank
en post *poßt*	eine Post
en telefon *telefoon*	ein Telefon
en bankautomat *bankautomaat*	ein Geldautomat

Foto: Karl-Axel Daude

An Geldautomaten halten Schweden übrigens keinen „Diskretionsabstand"!

Du kan nå mig på mobilen.
düü kan noo mej po mobiilen
Du kannst erreichen mich auf dem Mobiltelefon.
Sie können mich über mein Handy erreichen

Kan jag köpa ett sim-kort till min mobiltelefon här?
kan jaa schöpa ett ßim-kurt till min mobiltelefoon häär
kann ich kaufen eine Sim-Karte für mein Mobiltelefon hier?
Kann ich hier eine Sim-Karte für mein Mobiltelefon kaufen?

Var kan man växla pengar?
waar kan man wäxla pengar
wo kann man wechseln Geld
Wo kann man Geld wechseln?

en mobiltelefon *mobiiltelefoon*	Mobiltelefon, Handy
ett samtal till ... *ßamtal till*	ein Gespräch nach ...
ett telegram *telegram*	ein Telegramm
en euro *ewru / juru*	Euro
ett kreditkort *krediitkurt*	Kreditkarte
ett betalkort *betaalkurt*	Scheckkarte
acceptera *akßepteera*	akzeptieren
ett frimärke *friimärke*	eine Briefmarke
ett vykort *wüükurt*	eine Ansichtskarte
ett brev *breew*	ein Brief
en adress *adreß*	eine Adresse
en avsändare *aawßändare*	ein Absender

Foto: Christine Schönfeld

„Eltern haften für ihre Kinder"

Internet

Das Internet wird in Schweden in vielen Bereichen des privaten und öffentlichen Lebens genutzt. Bevor Sie nach Schweden fahren, lohnt sich ein Besuch der offiziellen schwedischen Internet-Seite, die zu fast allen schwedischen Themen Auskunft gibt: www.sweden.se

Var finns det ett internetcafé?
waar finnß dee ett internetkafee
Wo gibt es hier ein Internetcafe?

Vad kostar det att använda en dator?
wa koßtar dee att anwända en daator
Wie viel kostet es, einen Computer zu benutzen?

Jag vill kolla mina mejl.
jaa will kolla mina mejl
Ich möchte meine Emails abrufen.

Hur öppnar man detta program?
hüür öppnar man detta program
Wie öffnet man dieses Programm?

internet *internet*	Internet
ett internetcafè *internetkafee*	Internetcafe
en e-post *eepoßt*	Email
ett dataprogram *daataprogram*	Computerprogramm
en hemsida *hemßiida*	eine Homepage

Krank sein

Mit einem Smartphone können Sie sich die mit einem 👂 gekennzeichneten Sätze dieses Kapitels anhören.

Ich hoffe zwar, dass Sie dieses Kapitel nicht brauchen, aber ein paar Wörter und Sätze habe ich vorsichtshalber zusammengestellt:

hjälp	*jälp*	Hilfe
en läkare	*lääkare*	Arzt
en tandläkare	*tandlääkare*	Zahnarzt
ett sjukhus	*hhüükhüüß*	Krankenhaus
akutintag	*aküütintaag*	Notaufnahme

Die Notaufnahme (akutintag) ist die Abteilung im Krankenhaus, die zuständig ist, wenn die normale Aufnahme geschlossen ist. Sie ist Tag und Nacht geöffnet.

en vårdcentral *woordcentraal*	Arztstation
jourhavande läkare *hhuurhawande lääkare*	diensthabender Arzt
en tandläkare *tandlääkare*	Zahnarzt

Die Arztstation (vårdcentral) ist immer der erste Anlaufpunkt, wenn man einen Arzt konsultieren muss. Gegebenenfalls wird man dann weiter zu einem Facharzt überwiesen.

In Schweden gilt die internationale Notrufnummer 112.

en förkylning *förschülning*	Erkältung
huvudvärk *hüwüdwärk*	Kopfschmerzen
en vrickning *wrikkning*	Verrenkung
ett sår *ßoor*	Wunde
ett plåster *ploßter*	Pflaster
ett förband *förband*	Verband
en ambulans *ambülanß*	Krankenwagen

Am besten, man zeigt auf das, was einem weh tut, was sicher die beste Methode ist, verstanden zu werden.

Det gör ont här!
dee jöör unt häär
das tut weh hier
Hier tut es weh!

Apotheke

Für leichtere Beschwerden gibt es hier rezeptfrei verschiedene Mittel. Aber alle stärkeren Arzneimittel bekommt man nur auf Rezept.

ett apotek *apoteek*	eine Apotheke
ett recept *reßäpt*	ein Rezept
huvudvärkstabletter *hüwüdwärkßtabletter*	Kopfschmerztabletten

Jag behöver någonting mot ...
jaa behööwer nonting mot ...
Ich brauche etwas gegen ...

Kinder

Schweden ist ein familienfreundliches Land. Überall wird man Angebote für Kinder finden. Übrigens steht es in Schweden unter Strafe, seine Kinder zu schlagen.

Foto: Christine Schönfeld

Hinweise auf spielende Kinder sind oft zu sehen

Kan du värma upp flaskan?
kan düü wäärma üpp flaßkan
Kannst du wärmen auf die Flasche?
Kannst du die Flasche aufwärmen?

ett skötrum ***hhötrum***	Wickelraum
ett skötbord ***hhötbord***	Wickeltisch
en barnstol ***barnßtuul***	Kinderstuhl
en barnvagn ***barnwangn***	Kinderwagen
en barnsäng ***barnßäng***	Kinderbett
en barnmeny ***barnmenü***	Gericht f. Kinder
törstig ***töschtig***	durstig
hungrig ***hungrig***	hungrig
blöjor ***blöjur***	Windeln

Abkürzungen

Den folgenden Abkürzungen könnten Sie in Schweden begegnen.

AB	**Aktiebolag**	Aktiengesellschaft	
bl.a.	**bland annat**	unter anderem	
d.	**död**	gestorben	
dvs.	**det vill säga**	das heißt	*das will sagen*
f.n.	**för närvarande**	zur Zeit	*für gegenwärtig*
f.	**född**	geboren	
fr.o.m.	**från och med**	ab einschließlich	*von und mit*
kl.	**Klockan**	Uhr	
kr	**kronor**	Kronen	
obs!	**observera!**	Achtung!	*bemerke!*
ö.h.	**över havet**	über dem Meer(esspiegel)	
osv.	**och så vidare**	und so weiter	
t. ex.	**till exempel**	zum Beispiel	
t.o.m.	**till och med**	bis einschließlich	*bis und mit*

Foto: Christine Schönfeld

Bräkne-Hoby

Literaturhinweise

Ich hoffe, dass Sie dieses Buch und Ihr Aufenthalt in Schweden ermuntert haben, mehr Schwedisch zu lernen. Am besten ist es, einen Kurs an einer Volkshochschule mitzumachen, aber man kann auch selbst mit einem der folgenden Bücher arbeiten:

Die hier genannten Bücher/Schriften sind nicht über den Reise Know How Verlag erhältlich.

Schwedisch ohne Mühe
Grundkurs für Anfänger + Wiedereinsteiger: als Audio-Sprachkurs mit einem Lehrbuch + 4 Audio-CDs (ISBN: 978-3-89625-220-3), oder
als PC-Sprachkurs mit einem Lehrbuch + einer CD-ROM ISBN: 978-3-89625-452-8).
www.assimil.de

In Schweden gibt es verschiedene kleine Wörterbücher zu sehr günstigen Preisen. Da Buchpreise in Schweden nicht gebunden sind, kann man dort oft einen Fund bei einem Sonderverkauf machen!

Tala svenska, Ein Lehrwerk der schwedischen Sprache, Groa Verlag
ISBN 978-3-933119-00-1

Välkomna, Klett Verlag, Arbeitsbuch
ISBN 978-3-12-527943-8

Javisst, Hueber Verlag, Der Schwedischkurs / Kursbuch
ISBN 978-3-19-005405-3

Wer sich ein etwas umfangreicheres **ordbok** zulegen möchte, ist mit dem **PONS Globalwörterbuch in 2 Bänden** gut bedient.

Wörterliste Deutsch – Schwedisch

Foto: Christine Schönfeld

Bäckerei in Trelleborg

Die Wörterlisten enthalten einen Grundwortschatz von ca. 1000 Wörtern. Vokabular, das man in den einzelnen Kapiteln nachschlagen kann, ist hier nicht immer aufgeführt.
In der Liste sind alle Hauptwörter mit Artikel aufgeführt. Bei Tätigkeitswörtern ist stets die Endung in der Gegenwart, bei starken und unregelmäßigen Verben alle drei Stammformen (Gegenwart, einfache Vergangenheit, Partizip Perfekt) angegeben.
Die Eigenschaftswörter werden nur in der Grundform angegeben.
In der Wörterliste „Schwedisch-Deutsch" findet man die Buchstaben Å, Ä und Ö am Ende des Alphabets, also so, wie es auch in Schweden üblich ist.
Als Abkürzungen werden benutzt „pl." für den Plural (Mehrzahl) und „adv." für Adverbien (Umstandswort).

A

ab av
abbiegen svänga, -er
Abend kväll, en
aber men
abfahren resa, -er
Abfall sopor, pl.
abschleppen bogsera, -r
abtrocknen torka av, -r
abwaschen diska, -r
ähnlich lik
alle alla
allein ensam
alle sein vara slut
allgemein allmän
als när, då (zeitl.)
alt gammal
Ameise myra, en
andere, r, s en annan, pl. andra
anfangen börja, -r
angeben skryta, -er, skröt, skrutit
angeln fiska, -r
angenehm trevlig
Angst haben vara rädd
anhaben ha på sig
anhalten stanna, -r
Anhalter liftare, en
anrufen ringa, -er
anschalten tända, -er
anschauen titta på, -r
antworten svara, -r
anziehen klä på sig, -r
Apfel äpple, ett
Apfelsine apelsin, en
arbeiten arbeta, -r
ärgern, sich bli arg, blir, blev, blivit
arm fattig
Arzt en läkare
auch också
auf på
aufhören sluta, -r
aufmachen öppna, -r
aufstehen stiga upp, -er, steg, stigit
Aufzug en hiss
Auge ett öga, pl. ögon
ausländisch utländsk

ausleihen låna ut, -r
ausmachen släcka, -er
aus ur, från
ausschalten släcka, -er
aussteigen stiga av, -er, steg, stigit
Ausweis legitimation, en
ausziehen klä av, -r
Auto bil, en

B

backen baka, -r
Bahnhof station, en
Bahnsteig perrong, en
bald snart
Band band, ett
Bauch mage, en
bauen bygga, -er
Bauernhof bondgård, en
Baum träd, ett
Baumwolle bomull, en
Becher bägare, en
bedeuten betyda, -er
beeilen skynda sig, -r
Beere bär, ett
befehlen befalla, -er
bei (in der Nähe von) hos, vid
Beispiel exempel, ett
beißen bita, -er, bet, bitit
bekommen få, -r, fick, fått
belegtes Brot smörgås, en
beleidigen förolämpa, -r
benötigen behöva, -er
bequem bekväm
Berg berg, ett
berühmt berömd
Berühmter kändis, en
Beruf yrke, ett
besaufen supa, -er, söp, supit
bescheiden anspråkslös
besitzen äga, -er
besondere, r, s särskild
besonders särskilt
bestellen beställa, -er
besuchen (Museum) besöka, -er
besuchen hälsa, -r på
beten be, ber, bad, bett
betrügen lura, -r
betrunken full
betteln tigga, -er
Bett säng, en
Bett machen bädda sängen, -r
bevor innan
beweisen bevisa, -r
bezahlen betala, -r
biegsam böjlig
Biene bi, ett
Bier öl, ett
Birne päron, ett
bis till, tills
bitten um be om, ber, bad, bett
Blatt blad, ett
blau blå
bleiben stanna, -r; bli (kvar), blir, blev, blivit
bleich blek
Bleistift blyertspenna, en
blitzen blixtra, -r
blöd dum
Blume blomma, en
Blut blod, ett
bluten blöda, -er
Boden golv, ett
böse arg
Bonbon karamell, en; godis
Boot båt, en
braten steka, -er
brauchen behöva, -er
braun brun
breit bred
Brett bräda, en
Brief brev, ett
Briefmarke frimärke, ett
Brötchen småfranska, en
Brot bröd, ett
Bruder bror, en
Brüder bröder, pl.
Brücke bro, en
Brust bröst, ett
Buch bok, en; pl. böcker
Buchstabe bokstav, en
Bügeleisen strykjärn, ett
bügeln stryka, -er, strök, strukit
Büro kontor, ett
Bürste borste, en
bunt brokig
Butter smör, ett

C / D

Chef chef, en
Dach tak, ett
da där
damals då
damit så att
Dampf ånga. en
danke tack

dass att
Daumen tumme, en
Decke täcke, ett
denken tänka, -er
derselbe densamma
deutlich tydlig
Deutsch tyska
dicht tät
dick tjock
dieser denna, detta
Ding sak, en
doof dum
Dorf by, en
dort där
Dose(nöffner) burk(öppnare), en
Draht tråd, en
draußen ute
drehen vända, -er
drinnen inne
drüben borta
du du
dünn tunn
dürfen få, får, fick, fått
dürr torr
düster dyster
dunkel mörk
durch(sichtig) genom(skinlig)
durstig törstig
duschen duscha, -r

E

eben precis
echt äkta
Ecke hörn, ett
ehrlich ärlig
Ei ägg, ett
eifersüchtig svartsjuk
eigen egen
Eimer hink, en
ein en, ett
einfach enkel
einige några
einkaufen handla, -r
einladen bjuda,-er, bjöd, bjudit
einsam ensam
einsteigen stiga på, steg, stigit
eintreten stiga in, steg, stigit
einzig enda
Eis (Speise-) glass, en
Eis is,en
elend eländig, dålig
empfehlen rekommendera, -r
empfindlich känslig
eng trång
entweder antingen
entwickeln framkalla, -r
erbärmlich ömklig
Erdbeere jordgubbe, en
Erde jord, en
erfinden uppfinna, -er, -fann, -funnit
er han
erinnern komma ihåg, -er
erklären förklara, -r
erlauben tillåta, -er, tillät, tillåtit
ernst allvarlig
erschrecken bli förskräckt, blir, blev, blivit
erste, r, s den första
erwachsen vuxen
erzählen berätta, -r
es det
es gibt det finns
Essen mat, en
essen äta, -er, åt, ätit
etwas någon, något

F

Faden tråd, en
Fahne flagga, en
fahren åka, -er, köra
Fahrkarte biljett, en
Fahrplan tidtabell, en
Fahrrad cykel, en
falsch fel
Farbe färg, en
fast nästan
faul lat
Feder fjäder, en
fehlen fattas, fattades, fattats
fein fin
Fenster fönster, ett
Fernseher teve, en
fertig färdig
fest fast
fett fet
feucht fuktig
Feuer eld, en
feuern (entlassen) ge sparken, ger, gav, givit
finden hitta, -r
Fingernagel fingernagel, en

Fisch fisk, en
flach platt
Flasche flaska, en
Fleisch kött, ett
fleißig flitig
Fliege fluga, en
fliegen flyga, -er, flög, flugit
fliehen fly, -r
fließen flyta, -er, flöt, flutit
Flügel vinge, en
flüssig flytande
Flughafen flygplats, en
Fluss älv, en; flod, en
folgen följa, -er
fragen fråga, -r
Frau kvinna, en; (Ehe-) fru, en
frech fräck
frei ledig
freiwillig frivillig
fremd främmande
freuen auf, sich glädja sig åt
Freund vän, en
Freundin väninna, en
freundlich vänlig
Friedhof kyrkogård, en
frieren frysa, -er, frös, frusit
frisch färsk
froh glad
Frosch groda, en
fruchtbar fruktbar
Frühling vår, en
früh tidig
Frühstück frukost, en
fühlen känna, -er
führen föra, för, förde, fört
für för
furchtbar förskräcklig
Fußball fotboll, en
Fußball spielen spela fotboll, -r
Fuß fot, en

G

Gabel gaffel, en
ganz hel
ganz helt (adv.), alldeles
Garten trädgård, en
Gebäude byggnad, en
geben ge, ger, gav, gett
geboren född
gebraten stekt
gebraucht begagnad
geduldig tålmodig
geeignet lämpig
gefährlich farlig
Gefängnis fängelse, ett
gefallen tilltala, -r
geheim hemlig
gehen gå, går, gick, gått
gehören tillhöra, tillhör, tillhörde, tillhört
geizig snål
gekocht kokt
gelb gul
Geld pengar (pl.)
gelten gälla, -er
gemein elak
gemischt blandat
Gemüse grönsaker (pl.)
genau precis
genießen njuta, -er, njöt, njutit
genug nog
gerade rak
gerecht rättvis
gern gärna
Geschäft affär, en
geschehen hända, -er
Geschichte historia, en
Geschlecht kön, ett
geschlossen stängt
Gesellschaft sällskap, ett
Gesetz lag, en
Gesicht ansikte, ett
Gespenst spöke, ett
gestern igår
gesund frisk
gesund sund (heilsam)
Getränk dryck, en
getrennt skild
Gewehr gevär, ett
gewinnen vinna, -er, vann, vunnit
gierig girig
gießen hälla, -er
glatt hal
glauben tro, -r
gleich lik
Gleis spår, ett
Gletscher glaciär, en; jökel, en
Glocke kloka, en
glotzen glo, -r
glücklich lycklig
Gold guld, ett
graben gräva, -er
grau grå

grausam grym
greifen gripa, -er, grep, gripit
grölen skråla, -r
groß stor
grün grön
grüßen hälsa, -r
gucken titta, -r
gültig giltig
Gürtel bälte, ett
Gummiband gummiband, ett
Gummistiefel gummistövlar (pl.)
gut bra, god

H

Haare hår
haben ha, har, hade, haft
hässlich ful
Hafen hamn, en
halten hålla, -er, höll, hållit
Handschuh handske, en; vante, en
Handtasche handväska, en
Handtuch handduk, en
hart hård
Hase hare, en
hauen hugga,-er, högg, huggit
Haupt- huvud-
Haus hus, ett
Haut hud, en
heben lyfta, -er
Heer armé, en
heilig helig
heil hel
heiraten gifta sig, -er
heißen heta, -er, hette, hetat
heiß het, varm
helfen hjälpa, -er
hell ljus
Helm hjälm, en
Hemd skjorta, en
heraus ut
Herbst höst, en
her hit
herstellen framställa, -er
herüber över
herunter ner
Herz hjärta, ett
heute idag
hier här
hinter bakom
Hochebene högslätt, en
hoch hög
höflich artig
hoffen hoppas, hoppades, hoppats
hohl ihålig
holen hämta, -r
Holz trä, ett
Honig honung, en
Hose byxor (pl.)
hübsch snygg
Huhn höns, ett
Hunger hunger, en
hungrig hungrig
Hut hatt, en

I

ich jag
ihr ni
immer alltid
immer noch fortfarande
in i
innere, -r, s inre
Insel ö, en
in (zeitl.) om

J

Jahr år, ett
ja ja
Jeans jeans –
jeder varje
je ... desto ju ... desto
jetzt nu
jucken klia, -r
Junge pojke, en; kille, en
jung ung –

K

kämmen kamma, -r
kämpfen kämpa, -r
Käse ost, en
kalt kall
kaputt sönder, trasig
Karte kort, ett (Post-); karta, en (Land-)
Kartoffel potatis, en
Katze katt, en
kaufen köpa, -er
Kaufhaus varuhus, ett

Kaugummi tuggummi, ett
kaum knappt
kein ingen
kennen känna, -er
kennen lernen lära känna, lär, lärde, lärt
Kessel kittel, en
Kette kedja, en
Kind barn, ett
Kinn haka, en
Kirche kyrka, en
Kirsche körsbär, ett
Kissen kudde, en
Kiste låda, en
klauen knycka, -er
Klebstoff lim, ett
Kleid klänning, en
klein liten, litet
kleine små (pl.)
Kleingeld småpengar (pl.)
Klingel ringklocka, en
Klo toa, en
klug klok
kneifen nypa, -er, nöp, nupit
kneten knåda, -r
Knie knä, ett
Knochen ben, ett
Knopf knapp, en
Knoten knut, en
kochen koka; (Essen kochen) laga mat
Koch kock, en
können kunna, kan, kunde, kunnit
Körper kropp, en
Koffer resväska, en
Kohle kol, ett
Kopf huvud, ett
Korb korg, en
Korken(zieher) kork(skruv), en
kotzen spy, -r
krank/Krankenhaus sjuk/sjukhus, ett
Kreide krita, en
Kreis cirkel, en
kriechen krypa, -er, kröp, krupit
Kuchen kaka, en
Küche kök, ett
Kühlschrank kylskåp, ett
künstlich konstgjord
küssen kyssa, -er
Kugel kula, en
Kugelschreiber kulspetspenna, en
kurz kort
Kuss kyss, en

L

lachen über skratta åt, -r
Laden butik, en
lächerlich löjlig
längs längs
Landkreis kommun, en
langsam långsam
langweilig långtråkig
laufen springa, -er, sprang, sprungit
lau ljum
Laune humör, ett
laut hög
Lautsprecher högtalare, en
lebendig levande
leben leva, -er
Lebensmittel livsmedel (pl.)
lecken slicka, -r
Leder läder, ett; skin, ett
ledig ogift
leer tom
legen lägga, -er, lade, lagt
Lehrer lärare, en
leicht lätt
leise tyst
Leiter stege, en
lernen lära sig, lär, lärde, lärt
letzte, r, s den sista
Leute folk (sg.)
Licht ljus, ett
Liebe kärlek, en
lieben älska, -r
lieb kär, snäll
Lied sång, en
liegen ligga, -er, låg, legat
links vänster
Lippe läpp, en
Loch hål, ett
Löffel sked, en
lose lös
lügen ljuga, -er, ljög, ljugit
Lust haben ha lust, har, hade, haft
lustig rolig
Lust lust, en

M

machen göra, gör, gjorde, gjort
Mädchen flicka, en; tjej, en
männlich manlig
man sollte böra, bör, borde, bort
Mantel rock, en; kappa, en (Damen-)
Markt torg, ett
Marmelade marmelad, en
Matsch slask, ett
Mauer mur, en
Maus mus, en
meckern gnälla, -er
Meer hav, ett
Mehl mjöl, ett
(mehr) als än (Vergleich)
meinen tycka, -er
Mensch människa, en
messen mäta, -er
Messer kniv, en
mieten hyra, hyr, hyrde, hyrt
Milch mjölk, en
mischen blanda, -r
mit med
möglich möjlig
mogeln fuska, -r
Mond måne, en
morgen i morgon
Motorrad motorcykel, en
Mücke mygga, en
Mückenstich myggbett, ett
müde trött
Müll sopor (pl.)
Münze mynt, ett
müssen måste (Gegenwart+Vergangenheit)
Mütze mössa, en
Mund mun, en
mutig modig
Mutter mor, en

N

Nachbar granne, en
nachdem efter det att
nachdenken tänka efter, -er
nach efter (zeitl.), till (örtl.)
nach Hause hem
Nacht natt, en
nackt naken
Nadel nål, en
nächste nästa
nächst närmast
nähen sy, -r
Nagel spik, en
nahe bei nära
Name namn, ett
Napf skål, en
Nase näsa, en
nass våt
Nebel dimma, en
neben bredvid
nehmen ta, -r, tog, tagit
neidisch avundsjuk
nein nej
nett snäll
Netz nät, ett
neugierig nyfiken
neu ny
nicht brauchen slippa, -er, slapp, sluppit
nicht inte
nichts ingenting
nie aldrig
niedrig låg
niemand ingen
niesen nysa, -er, nös, nysit
noch ännu
noch einmal en gång till
nötig nödvändig
Norwegisch norska
nüchtern nykter
nützlich nyttig
nur bara
Nuss nöt, en
Nutte fnask, ett

O

ob om
oben uppe
Obst frukt (pl.)
obwohl även om, fastän
oder eller
öffentlich offentlig
öffnen öppna, -r
Öl olja, en
Ofen ugn, en
offen öppen –
oft ofta
ohne utan
Ohr öra, ett (pl. öron)

Oma mormor, farmor
Opa morfar, farfar
Ort ort, en; plats, en
Ortschaft samhälle

P

Paket paket, ett
peinlich pinsam
Peitsche piska, en
Pfeife pipa, en
Pferd häst, en
Pfirsich persika, en
Pflanze växt, en, planta, en
pflegen sköta, -er (jemanden)
Pfütze pöl, en
Pilz svamp, en
pinkeln kissa, -r, pinka,-r
Plattenspieler skivspelare, en
Platz plats, en
plötzlich plötslig
plump klumpig
Polarkreis polcirkel, en
Polizei, Polizist polis, en
Preis pris, ett
probieren prova, -r
pünktlich punktlig
Puppe docka, en

Q

quälen pina, -r
Quatsch dumheter (pl.)
Quelle källa, en
quer tvärs
Quittung kvitto, ett

R

Rad hjul, ett
Rahmen ram, en
Ramsch skräp, ett
Rasen gräsmatta, en
raten gissa, -r
Ratte råtta, en
rauchen röka, -r
Rauch rök, en
rauf upp
rauh rå, grov
Raum rum, ett
raus ut
raus fram (hervor)
rechnen räkna, -r
Rechnung räkning, en
rechts höger
reden prata, -r
Regal hylla, en
Reh rådjur, ett
reich rik
reif mogen
rein in (herein), ren (sauber)
Reis ris, ett
reißen riva, -er, rev, rivit
reiten rida,-er, red, ridit
Richter domare, en
richtig riktig
riechen lukta, -r
Rock kjol, en
roh rå
rot röd
rülpsen rapa, -r
rufen ropa, -r
ruhig lugn

S

Sache sak, en
Sack säck, en
sagen säga, -er, sa(de), sagt
Salz salt, ett
Sarg kista, en
satt mätt
Satz mening, en
sauber ren
sauer sur
saufen supa, -er, söp, supit
Schachtel ask, en
schädlich skadlig
schämen skämmas, skäms, skämdes, skämts
schaffen klara, -r
Schaf får, ett
Schal sjal, en
Schale skål, en
scharf skarp
Schatten skugga, en
scheinen skina, -er, sken, skinit
scheißen skita, -er, sket, skitit
Schere sax, en
scheußlich avskyvärd
schicken skicka, -r
schieben skjuta, -er, sköt, skjutit
Schiene skena, en; räls, en
schießen skjuta, -er, sköt, skjutit
Schild skylt, en
Schinken skinka, en
Schirm paraply, ett

schlafen sova, -er, sov, sovit
schlagen slå, slår, slog, slagit
Schlägerei slagsmål, ett
Schlange en orm
schlank slank, smal
schlappmachen ge upp, ger, gav, gett
schlau slug
schlecht dålig
schleimig slemmig
schließen stänga, -er
schließlich slutligen
Schloss slott, ett
Schlüssel nyckel, en
schmal smal
schmeißen kasta, -r
Schmuck smycken (pl.)
schmutzig smutsig
Schnaps snaps, en
schnarchen snarka, -r
Schnee snö, en
schneiden skära, skär, skar, skurit
schnell snabb
schön vacker, fin
Schrank skåp, ett
Schraube(nzieher) – skruv(mejsel), en
schrecklich förskräcklig
schreiben skriva, -er, skrev, skrivit
Schublade låda, en
Schuh sko, en
Schulden skulder (pl.)
Schule skola, en
schwach svag
Schwamm svamp, en
schwanger gravid
Schwanz svans, en
schwänzen skolka, -r
schwarz svart
Schwedisch svenska
Schwein gris, en
schwer tung
Schwester syster, en
schwierig svår
schwimmen simma, -r
Seele själ, en
See sjö, en
Segel segel, ett
sehen se, ser, såg, sett
sehnen nach längta efter, -r
sehr mycket
Seife tvål, en
sein vara, är, var, varit
Seite sida, en
seit sedan
selten sällan
seltsam sällsam
Senf senap, en
setzen sätta, -er, satte, satt
sicher säker
sie hon; (pl.) de
Silber silver, ett
singen sjunga, -er, sjöng, sjungit
sitzen sitta, -er, satt, suttit
so (dass) så (att)
sogar till och med
Sohn son, en
spielen leka, -er, spela, -r
sollen skola, ska, skulle, skolat
Sonne sol, en
sonst annars
Soße sås, en
sowohl ... als auch både ... och
spät/-er sen/-are
Spaß skämt, ett; nöje, ett
Spiegel spegel, en
Spielplatz lekplats, en
Spinne spindel, en
spinnen spinna, -er, spann, spunnit
spitz spetsig
Spitze spets, en
sprechen tala, -r
Stadt stad, en
stark stark
Staub damm, ett
Steckdose stickkontakt, en
stehen stå, står, stod, stått
steif styv
steil brant
stellen ställa, -er
sterben dö, -r, dog, dött
Stern stjärna, en
Steuer skatt, en
Stiefel stövel, en
stören störa, stör, störde, stört
stolz stolt
stoßen stöta, -er
Straße gata, en
streicheln klappa, -r
Streichholz tändsticka, en

streiten gräla, -r
Strom ström, en
Strumpf strumpa, en
Stück bit, en
Stuhl stol, en
stumpf trubbig
Stunde timme, en
stur envis
suchen nach leta efter, -r; söka efter, -er
süß söt

T

Tag dag, en
Tisch bord, ett
Tochter dotter, en
töten döda, -r
Toilette toalett, en
toll toppen
Topf gryta, en
tot död
träumen drömma, -er
tragen bära, bär, bar, burit
traurig ledsen
treffen möta, -er
Treppe trappa, en
treten träda, -er
treu trogen
trinken dricka, -er, drack, druckit
trocken torr
Tropfen droppe, en
Tuch duk, en
Tür dörr, en
Turm torn, ett

U

über över
überall överallt
übermorgen i övermorgon
übernachten övernatta, -r
überreden övertala, -r
Uhr klocka, en
um vid
um herum omkring
umbringen mörda, -r
umsteigen byta, -er
umziehen, sich klä om sig, -r
un- o-
und och
ungefähr ungefär
unheimlich kuslig
unschuldig oskyldig
unten nere
unter under
unter anderem bland annat
Unterhemd undertröja, en
Unterhose (Herren) kalsonger (pl.)
Unterhose (Damen) trosor (pl.)
unternehmen företa, -r, företog, företagit
Urlaub semester, en
ursprünglich ursprungligen

V

Vater far, en
verantwortlich ansvarig
verboten förbjuden
Verbrechen förbrytelse, en; brott, ett
Verein förening, en
verfault rutten
vergangen förgången
vergessen glömma, -er
verheiratet gift
verkaufen sälja, -er, sålde, sålt
verlassen lämna, -r
verletzen såra, -r
verliebt förälskad, kär
verlieren förlora, -r, tappa, -r
verlobt förlovad
vermuten anta, -r, antog, antagit
vernünftig förnuftig
verprügeln klå, -r
verrückt galen
verschieden olik
verschwinden försvinna, -er
verspäten försena, sig, -r
versprechen lova, -r
verstecken gömma, -er
verstehen förstå, -r, förstod, förstått
versuchen försöka, -er
Vertrag kontrakt, ett
verwüstet ödelagd
verzerrt förvriden

viel mycket
viele många
vielleicht kanske
viereckig fyrkantig
völlig fullständig
Vogel fågel, en
voll full
von från, av
vor före (zeitl.), framför (örtl.)
vorgestern i förrgår
vorige förra
voriges Jahr i fjol
vorschlagen föreslå, föreslog, föreslagit
vorsichtig försiktig

W

Waage våg, en
wach vaken
wachsen växa, -er
wagen (etwas wagen) våga något, -r
wählen välja, -er, valde, valt
während medan (mit Verb); under (mit Hauptwort)
Waffe vapen, ett
Wagen vagn, en
Wahl val, ett
wahr sann
wahrscheinlich sannolik
Wald skog, en
Wand vägg, en
wann när
warten vänta, -r
warum varför
was vad
waschen tvätta, -r
Wasser(fall) vatten(fall), ett
Watte bomull, en
weder ... noch varken ... eller
weg bort
weggehen gå bort, -r, gick, gått
wegtun ta bort, -r, tog, tagit
weh tun göra ont, gör, gjorde, gjort
weiblich kvinnlig
weich mjuk
Weihnachten jul, en
weil eftersom, (där)för att
Wein vin, ett
weinen gråta, -er, grät, gråtit
weise vis
weiß vit
weiter vidare
weit vid
welcher vilken
Welle våg, en
Welt värld, en
wen vem
wenige få
weniger färre
wenn när (zeitl.); om (falls)
wenn nur bara
werfen kasta, -r
Werkzeug verktyg, ett
wer vem
wertvoll värdefull
Wettbewerb tävling, en
Wetter väder, ett
wichtig viktig
wie hur; (Vergleich) som
wieder igen
wiederholen upprepa, -r
wiegen väga, -er
wild vild
wir vi
wirklich verkligen
wissen veta, vet, visste, vetat
wo var (Frage); där (Bindewort)
Woche vecka, en
wohnen bo, -r
Wohnung lägenhet, en
Wolke moln, ett
Wolle ylle, ett
wollen vilja, vill, ville, velat
Wort ord, ett
wünschen önska,-r
Wurm mask, en
Wurst korv, en
wütend rasande

Z

zählen räkna, -r
zahm tam
Zahn tand, en
Zahnbürste tandborste, en
Zahnpasta tandkräm, en

Zange tång, en
zart späd
zärtlich öm
Zaun staket, ett
zehn Kilometer en mil
Zeh tå , en
Zeichen tecken, ett
zeigen visa, -r
Zeit tid, en
Zeitung tidning, en
Zelt tält, ett
zerbrechlich bräcklig
Zettel lapp, en
Zeug saker (pl.)
Ziege get, en
Ziegel tegelsten, en
ziehen dra, -r, drog, dragit
ziemlich ganska
Zimmer rum, ett
zu till, åt, på
zu Hause hemma
zu sehr alltför
Zucker socker, ett
zufällig tillfällig
zufrieden nöjd
Zug tåg, ett
zukünftig framtida
Zunge tunga, en
zurück tillbaka, åter
zusammen tillsammans
Zweig kvist, en
zweite, r, andra
Zwiebel lök, en
zwingen tvinga, -er, tvang, tvungit
zwischen mellan

Wörterliste Schwedisch – Deutsch

A

affär, en Geschäft
aldrig nie
alla alle
allmän allgemein
alltför zu sehr
alltid immer
allvarlig ernst
andra zweite, r, s
annan, en (pl. andra) andere, r, s
annars sonst
ansikte, ett Gesicht
anspråkslös bescheiden
ansvarig verantwortlich
anta, -r, antog, antagit vermuten
antingen entweder
apelsin, en Apfelsine
arbeta, -r arbeiten
arg böse
armé, en Heer
artig höflich
ask, en Schachtel
att dass
av ab
avskyvärd scheußlich
avundsjuk neidisch

B

baka, -r baken
bakom hinter
band, ett Band
bara nur, wenn nur
barn, ett Kind
be, ber, bad, bett beten
be om, ber, bad, bett bitten um
befalla, -er befehlen
begagnad gebraucht
behöva, -er benötigen, brauchen
bekväm bequem
ben, ett Knochen
berätta, -r erzählen
berg, ett Berg
beroende süchtig
berömd berühmt
besöka, -er besuchen (Museum)
beställa, -er bestellen
betala, -r bezahlen
betyda, -er bedeuten
bevisa, -r beweisen
bi, ett Biene
bil, en Auto
biljett, en Fahrkarte
bita, -er, bet, bitit beißen
bit, en Stück
bjuda, -er, bjöd, bjudit einladen
blad, ett Blatt
bland annat unter anderem
blanda/blandat mischen/gemischt
blek bleich
bli arg, blir, blev, blivit sich ärgern
bli förskräckt, blir, blev, blivit erschricken
blixtra, -r blitzen
blod, ett Blut
blomma, en Blume
blyertspenna, en Bleistift
blå blau
blöda, -er bluten
bo, -r wohnen
bogsera, -r abschleppen
bok, en (pl. böcker) Buch
bokstav, en Buchstabe
bomull, en Baumwolle, Watte
bondgård, en Bauernhof
bord, ett Tisch
borste, en Bürste
bort weg
borta weg, drüben
bra gut
brant steil
bred breit
bredvid neben
brev, ett Brief
bro, en Brücke
brokig bunt
bror, en Bruder
brun braun
bräcklig zerbrechlich
bräda, en Brett
bröd, ett Brot
bröst, ett Brust
burk, en Dose

burköppnare, en Dosenöffner
butik, en Laden
by, en Dorf
bygga, -er bauen
byggnad, en Gebäude
byta, -er umsteigen
byxor (pl.) Hose
både ... och sowohl ... als auch ...
båt, en Boot
bädda sängen, -r Bett machen
bägare, en Becher
bälte, ett Gürtel
bär, ett Beere
bära, bär, bar, burit tragen
böjlig biegsam
böra, bör, borde, bort man sollte
börja, -r anfangen

C

chef, en Chef
cirkel, en Kreis
cykel, en Fahrrad

D

dag, en Tag
damm, ett Staub
de sie (pl.)
den första erste(r, s)
densamma derselbe
den sista letzte(r, s)
denna, detta dieser
det es
det finns es gibt
dimma, en Nebel
diska, -r abwaschen
docka, en Puppe
domare, en Richter
dotter, en Tochter
dra, -r, drog, dragit ziehen
dricka, -er, drack, druckit trinken
drömma, -er träumen
droppe, en Tropfen
dryck, en Getränk
du du
duk, en Tuch
dum blöd, doof
dumheter (pl.) Quatsch
duscha, -r duschen
dyster düster
då damals
dålig schlecht
där da, dort; wo (Bindewort)
dö, -r, dog, dött sterben
död tot
döda, -r töten
dörr, en Tür

E

efter nach (zeitl.)
efter det att nachdem
eftersom weil
egen eigen
eländig, dålig elend
eld, en Feuer
eller oder
en, ett ein
en gång till noch einmal
enda einzig
enkel einfach
ensam allein, einsam
envis stur
exempel, ett Beispiel

F

far, en Vater
farfar Opa (väterlicherseits)
farlig gefährlich
farmor Oma (väterl.)
fast fest
fastän obwohl
fattas fehlen
fattig arm
fel falsch
fet fett
fin fein
fingernagel, en Fingernagel
fiska, -r angeln
fisk, en Fisch
fjäder, en Feder
flagga, en Fahne
flaska, en Flasche
flicka, en; tjej, en Mädchen
flitig fleißig
flod, en Fluss
fluga, en Fliege
fly, -r fliehen
flyga, -er, flög, flugit fliegen

flygplats, en Flughafen
flyta, -er, flöt, flutit fließen
flytande flüssig
fnask, ett Nutte
folk (pl.) Leute
fortfarande immer noch
fot, en Fuß
fotboll, en Fußball
fräck frech
främmande fremd
fram (hervor) raus
framför vor (örtl.)
framkalla, -r entwickeln
framställa, -er herstellen
framtida zukünftig
frimärke, ett Briefmarke
frisk gesund
frivillig freiwillig
fru, en (Ehe-)Frau
frukost, en Frühstück
frukt (pl.) Obst
fruktbar fruchtbar
frysa, -er, frös, frusit frieren
fråga, -r fragen
från, av von, aus
fuktig feucht
ful hässlich
full voll, betrunken
fullständig völlig
fuska, -r mogeln
fyrkantig viereckig
få wenige
få, får, fick, fått dürfen, bekommen
fågel, en Vogel
får, ett Schaf
fängelse, ett Gefängnis
färdig fertig
färg, en Farbe
färre weniger
färsk frisch
född geboren
följa, -er folgen
fönster, ett Fenster
för für
föra, för, förde, fört führen
förälskad, kär verliebt
förbjuden verboten
förbrytelse, en Verbrechen
före (zeitl.) vor
förening, en Verein
föreslå, föreslog, föreslagit vorschlagen
företa, -r, företog, företagit unternehmen
förgången vergangen
förklara, -r erklären
förlora, -r, tappa, -r verlieren
förlovad verlobt
förnuftig vernünftig
förolämpa, -r beleidigen
förra vorige
försena sig, -r verspäten
försiktig vorsichtig
förskräcklig furchtbar, schrecklich
försöka, -er versuchen
förstå, -r, förstod, förstått verstehen
försvinna, -er verschwinden
förvriden verzerrt

G

gaffel, en Gabel
galen verrückt
gammal alt
ganska ziemlich
gata, en Straße
ge, ger, gav, gett geben
ge sparken, ger, gav, gett feuern
ge upp, ger, gav, gett schlappmachen
gemen gemein
genom durch
genomskinlig durchsichtig
get, en Ziege
gevär, ett Gewehr
gift verheiratet
gifta sig, -er heiraten
giltig gültig
girig gierig
gissa, -r raten
glaciär, en Gletscher
glad froh
glass, en (Speise-)Eis
glo, -r glotzen
glädja sig åt freuen auf (sich)
glömma, -er vergessen
gnälla, -er meckern
god gut
godis (pl.) Bonbons
golv, ett Boden
granne, en Nachbar
gravid schwanger

gripa, -er, grep, gripit greifen
gris, en Schwein
groda, en Frosch
grym grausam
gryta, en Topf
grå grau
gråta, -er, grät, gråtit weinen
gräla, -r streiten
gräsmatta, en Rasen
gräva, -er graben
grön grün
grönsaker (pl.) Gemüse
guld, ett Gold
gummiband, ett Gummiband
gummistövlar (pl.) Gummistiefel
gul gelb
gå (bort), går, gick, gått (weg)gehen
gälla, -er gelten
gärna gern
gömma, -er verstecken
göra, gör, gjorde, gjort machen
göra ont, gör, gjorde, gjort weh tun

H

ha, har, hade, haft haben
ha lust, har, hade, haft Lust haben
ha på sig anhaben
haka, en Kinn
hal glatt
hallick, en Zuhälter
hamn, en Hafen
han er
handduk, en Handtuch
handla, -r einkaufen
handske, en Handschuh
handväska, en Handtasche
hare, en Hase
hatt, en Hut
hav, ett Meer
hel ganz, heil
helig heilig
helt ganz (adv.)
hem nach Hause
hemlig geheim
hemma zu Hause
het heiß
heta, -er, hette, hetat heißen
hink, en Eimer
hiss, en Aufzug
historia, en Geschichte
hit her
hitta, -r finden
hjul, ett Rad
hjälm, en Helm
hjälpa, -er helfen
hjärta, ett Herz
hon sie
honung, en Honig
hoppas, hoppades, hoppats hoffen
hos bei
hud, en Haut
hugga, -er, högg, huggit hauen
humör, ett Laune
hunger, en Hunger
hungrig hungrig
hur wie
hus, ett Haus
huvud, ett Kopf, Haupt
hylla, en Regal
hyra, hyr, hyrde, hyrt mieten
hål, ett Loch
hålla, -er, höll, hållit halten
hår Haare
hård hart
hälla, -er gießen
hälsa, -r grüßen
hämta, -r holen
hända, -er geschehen
här hier
häst, en Pferd
hög hoch, laut
höger rechts
högslätt, en Hochebene
högtalare, en Lautsprecher
höns, ett Huhn
hörn, ett Ecke
höst, en Herbst

I

i in
i fjol voriges Jahr
i förrgår vorgestern

i morgon morgen
i övermorgon übermorgen
idag heute
igen wieder
igår gestern
ihålig hohl
in (he)rein
ingen kein, niemand
ingenting nichts
innan bevor
inne drinnen
inre innere, r, s
inte nicht
is, en Eis

J

ja ja
jag ich
jeans Jeans
jord, en Erde
jordgubbe, en Erdbeere
ju ... desto je ... desto
jul, en Weihnachten
jökel, en Gletscher

K

kaka, en Kuchen
kall kalt
kamma, -r kämmen
kanske vielleicht
kappa, en (Damen-)Mantel
karamell, en Bonbon
karta, en (Land-)Karte
kasta, -r werfen, schmeißen
katt, en Katze
kedja, en Kette
kille, en Junge
kissa, -r pinkeln
kista, en Sarg
kittel, en Kessel
kjol, en Rock
klappa, -r streicheln
klara, -r schaffen
klia, -r jucken
klocka, en Glocke, Uhr
klok klug
klumpig plump
klå, -r verprügeln
klä av, -r ausziehen
klä om sig, -r sich umziehen
klä på sig, -r anziehen
klänning, en Kleid
knä, ett Knie
knapp, en Knopf
knappt kaum
kniv, en Messer
knut, en Knoten
knycka, -er klauen
knåda, -r kneten
kock, en Koch
koka kochen
kokt gekocht
kol, ett Kohle
komma ihåg, -er sich erinnern
kommun, en Landkreis
konstgjord künstlich
kontor, ett Büro
kontrakt, ett Vertrag
korg, en Korb
kork(skruv), en Korken(zieher)
kort kurz
kort, ett (Post-)Karte
korv, en Wurst
krita, en Kreide
kropp, en Körper
krypa, -er, kröp, krupit kriechen
kudde, en Kissen
kula, en Kugel
kulspetspenna, en Kugelschreiber
kunna, kan, kunde, kunnat können
kuslig unheimlich
kväll, en Abend
kvinna, en (Ehe-)Frau
kvinnlig weiblich
kvist, en Zweig
kvitto, ett Quittung
kylskåp, ett Kühlschrank
kyrka, en Kirche
kyrkogård, en Friedhof
kyss, en Kuss
kyssa, -er küssen
källa, en Quelle
kämpa, -r kämpfen
kändis, en Berühmter
känna, -er fühlen, kennen
känslig empfindlich
kär lieb
kärlek, en Liebe
kök, ett Küche
kön, ett Geschlecht
köpa, -er kaufen

köra fahren
körsbär, ett Kirsche
kött, ett Fleisch

L

lag, en Gesetz
laga mat (Essen) kochen
lapp, en Zettel
lat faul
ledig frei
ledsen traurig
legitimation, en Ausweis
leka, -er spielen
lekplats, en Spielplatz
leta efter, -r suchen nach
leva, -er leben
levande lebendig
liftare, en Anhalter
ligga, -er, låg, legat liegen
lik ähnlich, gleich
lim, ett Klebstoff
liten, litet klein
livsmedel (pl.) Lebensmittel
ljuga, -er, ljög, ljugit lügen
ljum lau
ljus hell
ljus, ett Licht
lova, -r versprechen
lugn ruhig
lukta, -r riechen
lura, -r betrügen
lust, en Lust
lycklig glücklich
lyfta, -er heben
låda, en Kiste, Schublade
låg niedrig
låna ut, -r ausleihen
långsam langsam
långtråkig langweilig
läder, ett Leder
lägenhet, en Wohnung
lägga, -er, lade, lagt legen
läkare, en Arzt
lämna, -r verlassen
lämplig geeignet
längs längs
längta efter, -r sehnen nach
läpp, en Lippe
lära känna, lär, lärde, lärt kennen lernen
lära sig, lär, lärde, lärt lernen
lärare, en Lehrer
lätt leicht
löjlig lächerlich
lök, en Zwiebel
lös lose

M

mage, en Bauch
manlig männlich
marmelad, en Marmelade
mask, en Wurm
mat, en Essen
med mit
medan während (mit Verb)
mellan zwischen
men aber
mening, en Satz
mil, en zehn km
mjuk weich
mjöl, ett Mehl
mjölk, en Milch
modig mutig
mogen reif
moln, ett Wolke
mor, en Mutter
morfar Opa (mütterlicherseits)
mormor Oma (mütterlicherseits)
motorcykel, en Motorrad
mun, en Mund
mur, en Mauer
mus, en Maus
mycket sehr, viel
mygga, en Mücke
myggbett, ett Mückenstich
mynt, ett Münze
myra, en Ameise
måne, en Mond
många viele
måste (Präs. + Imp.) müssen
människa, en Mensch
mäta, -er messen
mätt satt
möjlig möglich
mörda, -r umbringen
mörk dunkel
mössa, en Mütze
möta, -er treffen

N

naken nackt
namn, ett Name
natt, en Nacht
nej nein
ner herunter
nere unten
ni ihr
njuta, -er, njöt, njutit genießen
nog genug
norska Norwegisch
nu jetzt
ny neu
nyckel, en Schlüssel
nyfiken neugierig
nykter nüchtern
nypa, -er, nöp, nupit kneifen
nysa, -er, nös, nusit / nyst niesen
nyttig nützlich
någon, något irgendein, jemand, etwas
några einige
nål, en Nadel
när wann, wenn, als
nära nahe bei
närmast nächst
näsa, en Nase
nästa nächste
nästan fast
nät, ett Netz
nöje, ett Spaß

O

o- un-
och und
också auch
offentlig öffentlich
ofta oft
ogift ledig
olik verschieden
olja, en Öl
om in (zeitl.); wenn, falls, ob
omkring um herum
ord, ett Wort
orm, en Schlange
ort, en; plats, en Ort
oskyldig unschuldig
ost, en Käse

P

paket, ett Paket
paraply, ett Schirm
pengar (pl.) Geld
perrong, en Bahnsteig
persika, en Pfirsich
pina, -r quälen
pinka, -r pinkeln
pinsam peinlich
pipa, en Pfeife
piska, en Peitsche
planta, en Pflanze
plats, en Platz, Ort
platt flach
plötslig plötzlich
pojke, en Junge
polcirkel, en Polarkreis
polis, en Polizei, Polizist
potatis, en Kartoffel
prata, -r reden
precis genau, eben
prova, -r probieren
punktlig pünktlich
päron, ett Birne
pöl, en Pfütze

R

rak gerade
ram, en Rahmen
rapa, -r rülpsen
rasande wütend
rekommendera, -r empfehlen
ren sauber
resa, -er abfahren
resväska, en Koffer
rida, -er, red, ridit reiten
rik reich
riktig richtig
ringa, -er anrufen
ringklocka, en Klingel
ris, ett Reis
riva,-er, rev, rivit reißen
rock, en Herrenmantel
rolig lustig
ropa, -r rufen
rot, en (pl. rötter) Wurzel
rum, ett Raum, Zimmer
rutten verfault
rå roh, rauh
rådjur, ett Reh

Wörterliste Schwedisch – Deutsch

råtta, en Ratte
räkna, -r rechnen, zählen
räkning, en Rechnung
räls, en Schiene
rättvis gerecht
röd rot
rök, en Rauch
röka, -r rauchen

S

sak, en Ding, Sache
saker (pl.) Zeug
salt, ett Salz
samhälle Ortschaft
samtala, -r sich unterhalten
sann wahr
sannolik wahrscheinlich
sax, en Schere
se, ser, såg, sett sehen
sedan seit
segel, ett Segel
semester, en Urlaub
sen spät
senap, en Senf
senare später
sida, en Seite
silver, ett Silber
simma, -r schwimmen
sitta, -er, satt, suttit sitzen
sjal, en Schal
sjuk krank
sjukhus, ett Krankenhaus
sjunga, -er, sjöng, sjungit singen
själ, en Seele
sjö, en See
skadlig schädlich
skämmas, skäms, skämdes, skämts schämen
skämt, ett Spaß
skära, skär, skar, skurit schneiden
skarp scharf
skatt, en Steuer
sked, en Löffel
skena, en Schiene
skicka, -r schicken
skild getrennt
skinn, ett Leder
skina, -er, sken, skinit scheinen
skinka, en Schinken
skita, -er, sket, skitit scheißen
skivspelare, en Plattenspieler
skjorta, en Hemd
skjuta, -er, sköt, skjutit schießen, schieben
sko, en Schuh
skog, en Wald
skola, en Schule
skola, ska, skulle, skolat sollen, werden
skolka, -r schwänzen
skratta åt, -r lachen über
skriva, -er, skrev, skrivit schreiben
skruv(mejsel), en Schraube(nzieher)
skryta, -er, skröt, skrutit angeben
skråla, -r gröhlen
skräp, ett Ramsch
skugga, en Schatten
skulder (pl.) Schulden
skylt, en Schild
skynda sig, -r beeilen
skål, en Schale, Napf
skåp, ett Schrank
sköta, -er jmd. pflegen
slagsmål, ett Schlägerei
slank schlank
slask, ett Matsch
slemmig schleimig
slicka, -r lecken
slippa, -er, slapp, sluppit nicht brauchen
slott, ett Schloss
slug schlau
sluta, -r aufhören
slutligen schließlich
slå, slår, slog, slagit schlagen
släcka, -er ausmachen, ausschalten
smal schmal
smutsig schmutzig
smycken (pl.) Schmuck
små (pl.) kleine
småfranska, en Brötchen
småpengar (pl.) Kleingeld
smör, ett Butter
smörgås, en belegtes Brot
snabb schnell
snäll nett

snaps, en Schnaps
snarka, -r schnarchen
snart bald
snål geizig
snö, en Schnee
socker, ett Zucker
sol, en Sonne
som wie (Vergleich)
son, en Sohn
sopor (pl.) Abfall, Müll
sova, -er, sov, sovit schlafen
spegel, en Spiegel
spela (fotboll), -r (Fußball) spielen
spets, en Spitze
spetsig spitz
spik, en Nagel
spindel, en Spinne
spinna, -er, spann, spunnit spinnen
springa, -er, sprang, sprungit laufen
spy, r kotzen
spår, ett Gleis
späd zart
spöke, ett Gespenst
stad, en Stadt
staket, ett Zaun
stanna, -r anhalten, bleiben
stark stark
station, en Bahnhof
stege, en Leiter
steka, -er braten
stekt gebraten
stickkontakt, en Steckdose
stiga av, -er, steg, stigit aussteigen
stiga in, steg, stigit eintreten
stiga på, steg, stigit einsteigen
stiga upp, -er, steg, stigit aufstehen
stjärna, en Stern
stol, en Stuhl
stolt stolz
stor groß
strumpa, en Strumpf
stryka, -er, strök, strukit bügeln
strykjärn, ett Bügeleisen
ström, en Strom
styv steif
stå, står, stod, stått stehen
ställa, -er stellen
stänga, -er schließen
stängt geschlossen
störa, stör, störde, stört stören
stöta, -er stoßen
stövel, en Stiefel
sund gesund, heilsam
supa, -er, söp, supit (be)saufen
sur sauer
svag schwach
svamp, en Schwamm, Pilz
svans, en Schwanz
svara, -r antworten
svart schwarz
svartsjuk eifersüchtig
svenska Schwedisch
svår schwierig
svänga, -er abbiegen
sy, -r nähen
syster, en Schwester
så/så att so/so dass, damit
sång, en Lied
såra, -r verletzen
sås, en Soße
säck, en Sack
säga, -er, sa (de), sagt sagen
säker sicher
sälja, -er, sålde, sålt verkaufen
sällan selten
sällsam seltsam
sällskap, ett Gesellschaft
säng, en Bett
särskild besondere, r, s
särskilt besonders
sätta, -er, satte, satt setzen
söka efter, -er suchen nach
sönder kaputt
söt hübsch, süß

T

ta, -r, tog, tagit nehmen
ta bort, -r, tog, tagit wegtun
tack danke
tak, ett Dach
tala, -r sprechen

tam zahm
tand(borste), en Zahn(bürste)
tandkräm, en Zahnpasta
tecken, ett Zeichen
tegelsten, en Ziegel
teve, en Fernseher
tid, en Zeit
tidig früh
tidning, en Zeitung
tidskrift, en Zeitschrift
tidtabell, en Fahrplan
tigga, -er betteln
till zu, nach, bis
till och med sogar
tillbaka, åter zurück
tillfällig zufällig
tillhöra, tillhör, tillhörde, tillhör gehören
tillsammans zusammen
tilltala, -r gefallen
tillåta, -er, tillät, tillåtit erlauben
timme, en Stunde
titta, -r/titta på, -r gucken/anschauen
tjock dick
toa, en Klo
toalett, en Toilette
tom leer
toppen toll
torg, ett Markt
torka av, -r abtrocknen
torn, ett Turm
trä, ett Holz
träd, ett Baum
träda, -er treten
trädgård, en Garten
trappa, en Treppe
trasig kaputt
trevlig angenehm
tro, -r glauben
trogen treu
trubbig stumpf
tråd, en Draht, Faden
trång eng
trött müde
tuggummi, ett Kaugummi
tumme, en Daumen
tung schwer
tunga, en Zunge
tunn dünn
tvinga, -er, tvang, tvungit zwingen
tvål, en Seife
tvärs quer
tvätta, -r waschen
tycka, -er meinen
tydlig deutlich
tyska Deutsch
tyst leise
tå, en Zeh
tåg, ett Zug
tålmodig geduldig
tång, en Zange
täcke, ett Decke
tält, ett Zelt
tända, -er anschalten
tändsticka, en Streichholz
tänka (efter), -er (nach)denken
tät dicht
tävling, en Wettbewerb
törstig durstig

U

ugn, en Ofen
under unter; während (+ Hauptwort)
underbyxor (pl.) Unterhose
undertröja, en Unterhemd
ung jung
ungefär ungefähr
upp/uppe rauf/oben
uppfinna, -er, -fann, -funnit erfinden
upprepa, -r wiederholen
ur aus
ursprungligen ursprünglich
ut heraus
utan ohne
ute draußen
utländsk ausländisch

V

vacker schön
vad was
vagn, en Wagen
vaken wach
val, ett Wahl
vapen, ett Waffe
vante, en Handschuh
var wo
vara, är, var, varit sein
vara rädd Angst haben
varför warum

varje jeder
varken ... eller weder ... noch
varm warm
varuhus, ett Kaufhaus
vatten(fall), ett Wasser(fall)
vecka, en Woche
veckoblad, ett Zeitschrift
vem wer, wem, wen
verkligen wirklich
verktyg, ett Werkzeug
veta, vet, visste, vetat wissen
vi wir
vid weit; um, bei
vidare weiter
viktig wichtig
vild wild
vilja, vill, ville, velat wollen
vilken welcher
vin, ett Wein
vinge, en Flügel
vinna, -er, vann, vunnit gewinnen
vis weise
visa, -r zeigen
vit weiß
vuxen erwachsen
våg, en Welle, Waage
våga något, -r etwas
vår, en Frühling
våt nass
väder, ett Wetter
väga, -er wiegen
vägg, en Wand
välja, -er, valde, valt wählen
vän, en Freund
väninna, en Freundin
vända, -er drehen
vänlig freundlich
vänster links
vänta, -r warten
värdefull wertvoll
värld, en Welt
växa, -er wachsen
ylle, ett Wolle
yrke, ett Beruf

å

åka, -er fahren
ånga, en Dampf
år, ett Jahr

Ä

äga, -er besitzen
ägg, ett Ei
äkta echt
älska, -r lieben
älv, en Fluss
än (mehr) als
ännu noch
äpple, ett Apfel
ärlig ehrlich
äta, -er, åt, ätit essen
även om obwohl

Ö

ö, en Insel
ödelagd verwüstet
öga, ett (pl. ögon) Auge
öl, ett Bier
öm zärtlich
ömklig erbärmlich
önska, -r wünschen
öppen offen
öppna, -r öffnen
öra, ett (pl. öron) Ohr
över über, herüber
överallt überall
övernatta, -r übernachten
övertala, -r überreden

Der Autor

Karl-Axel Daude wurde in Bremen geboren. „Meine Mutter ist Schwedin, und so lernte ich beide Sprachen, Deutsch und Schwedisch, gleichzeitig. Durch viele Ferienaufenthalte in Schweden und bei meinen Verwandten in der Stockholmer Gegend interessierte ich mich immer mehr für die Kultur, insbesondere die Sprache und Literatur des Landes. So begann ich, in Kiel Nordistik zu studieren. Nach einem Auslandsstudium in Uppsala wohne ich seitdem in Kiel und nutze die Nähe Skandinaviens zu möglichst häufigen Besuchen. Um auch anderen die schwedische Sprache und damit die Menschen Schwedens näher zu bringen, unterrichte ich Schwedisch an der Universität Kiel, der Fachhochschule Kiel, der Volkshochschule und anderen Bildungseinrichtungen in Schleswig-Holstein."